Der Unabhängigkeitskrieg
und die Gründung der Türkei 1919–1923

Eckhard Lisec

Der Unabhängigkeitskrieg und die Gründung der Türkei 1919–1923

Eckhard Lisec

2016

Carola Hartmann Miles-Verlag

Bibliografische Information der Deutschen Nationalbibliothek
Die Deutsche Nationalbibliothek verzeichnet diese Publikation in
der Deutschen Nationalbibliografie; detaillierte bibliografische Daten
sind im Internet über www.dnb.de abrufbar.

© 2016 Carola Hartmann Miles-Verlag
www.miles-verlag.jimdo.com
email: miles-verlag@t-online.de

Herstellung: BOD – Books on Demand, Norderstedt
Bildnachweis: Am Ort des Bildes
Bilder Umschlageseite: Mustafa Kemal Kocatepe 1922 und
Bursa 1924 in
http://tr.wikipedia.org
https://de.wikipedia.org/wiki/Mustafa_Kemal_Atat%C3%BCrk#/media/
File:Ataturk-1924-Bursa-public.jpg

Printed in Germany

ISBN   978-3-945861-39-4

Inhalt

Vorwort

Die Gründung der Republik Türkei 1923 auf den Ruinen des Jahrhunderte alten Osmanischen Reiches, einer islamischen Sultansmonarchie, die mit dem Ende des Ersten Weltkriegs 1918 zusammenbrach, wurde von vielen Zeitgenossen als ein „Wunder" bezeichnet, weil sie sich entgegen allen machtpolitischen und räumlich-strukturellen Gegebenheiten der Zeit durchsetzen konnte. Das betrifft sowohl die erfolgreiche Abwehr der Teilungspläne des osmanischen Vielvölkerstaates durch die siegreichen Ententemächte in Bezug auf eine wesentlich türkisch geprägte anatolische Raumeinheit, die auch die umstrittenen Dardanellen und den europäischen Zipfel der Türkei mit der alten Hauptstadt Istanbul behaupten konnte, als auch die rechtliche und verfassungsmäßige Modernisierung des Staates als säkulare Republik nach dem Leitbild der europäischen Staatenwelt.

Dieser vielschichtige Prozess, der sich in wenigen Jahren von 1919–1923 vollzog, ist in der Literatur vielfach beschrieben und zu Recht vor allem als das Werk des Staatsgründers Mustafa Kemals, des späteren Atatürk, gewürdigt worden, der als besonnener Militärführer wie als ebenso kluger Politiker in dem vielfach verminten Feld der Nachkriegszeit im Nahen und Mittleren Osten nach 1918 unter konkurrierenden politischen Bedingungen mit Redlichkeit, Mut und Überzeugungskraft Wege zu dem bezeichneten Ziel einer türkischen Staatsgründung mit einer zunehmenden Zahl von Anhängern durchsetzen konnte. Eine wesentliche Grundlage dieses Erfolges ist dabei der Sieg in der Auseinandersetzung mit Griechenland und den unterstützenden Ententestaaten im sogenannten Unabhängigkeitskrieg 1919–1922 gewesen.

Er ist bisher in seinen militärischen Voraussetzungen, seinem Verlauf und seinem für die Türkei erfolgreichen Abschluss in der nichttürkischen Literatur noch weniger betrachtet worden. Doch ist zum Verständnis der Gesamtentwicklung der Zeit nach dem Ersten Weltkrieg im Nahen Osten gerade auch die Betrachtung der militärischen und damit verbundenen politisch-diplomatischen Gegebenheiten von wesentlicher Bedeutung.

Dies aufzuzeigen, ist das Ziel des vorliegenden Buches. Sein Autor Eckhard Lisec bringt hierzu als technisch ausgebildeter Berufsoffizier, der als Brigadegeneral mehrere Jahre im NATO-Stab in Istanbul tätig war, das Land und seine mit Deutschland verwobene Geschichte studierte, die türkische Sprache erlernte und so tiefer in die Lebensverhältnisse und die Vergangenheit des NATO-Partners eindrang, beste Voraussetzungen mit, die er bereits 2011 in einem in Ankara erschienen deutsch-türkischen Buch über "100 Jahre Deutsch-Türkische Zusammenarbeit in der Militärischen Luftfahrt" aufgrund eigener Quellenforschung und mit zahlreichen instruktiven Abbildungen unter Beweis stellte. Auch das vorliegende Buch besticht durch die Vielfalt der militärisch-strategischen Aspekte und Kartierungen, die das reale Geschehen des Kriegsverlaufs übersichtlich gegliedert darstellen, zugleich aber auch immer auf dem Hintergrund der politischen und diplomatischen Bemühungen kennzeichnen, denen letztendlich – international anerkannt – der Erfolg der türkischen Staatsgründung 1923 zu verdanken ist.

Prof. Dr. Paul Leidinger, Universität Münster
Präsident der Deutsch-Türkischen Gesellschaft Münster von 1916 e.V.

I.   Vorwort des Verfassers

Am 29. Oktober 2023 wird die Türkei den 100. Jahrestag der Gründung ihrer Republik feiern. Zeitzeugen im eigentlichen Sinne wird es dann nicht mehr geben. Die Erinnerung an die damals für die Türkei entscheidenden Jahre 1919 bis 1923 wird jedoch wach gehalten im Bildungssystem des türkischen Heimatlandes, in ihren Schulunterrichten, in den Erzählungen der Älteren, in Vorträgen, in Büchern sowie Filmen und in den damit im Zusammenhang stehenden vier Feiertagen. Türkische Emigranten, die noch auf türkische Schulen gegangen sind, werden die Ereignisse ebenfalls kennen und ihren Nachfahren davon berichten.

Die Emigrantenkinder der Türken jedoch, die z.B. ein deutsches Schulsystem durchlaufen haben wie auch die Deutschen selbst werden mit der Zeit immer weniger darüber erfahren. Schon bisher wissen deutsche Schulkinder über das Osmanische Reich und die Türkei wenig, meistens beschränkt auf die Eroberung Konstantinopels 1453 und die „Türken vor Wien" 1683. Auch in den „Deutsch Türkischen Gesellschaften" und den türkischen „Yunus Emre Instituten" in Deutschland werden historische Ereignisse dieser Art, erst recht wenn sie mit Kriegen verbunden sind, nur selten thematisiert. Dies hat auch mit der Vergangenheit Deutschlands zu tun, mitunter auch mit aktuellen politischen Strömungen.

Gerade die erwähnte Periode nach dem Ersten Weltkrieg ist dabei in der politischen Staatenentwicklung von besonderem Interesse. Die Türkei kann dabei als Musterbeispiel für den Weg von einem multiethnischen Vielvölkerreich, der zuletzt konstitutionellen Osmanischen Monarchie, gegen fast unüberwindliche Widerstände hinweg in nur wenigen Jahren zu einer national bestimmten Republik mit einer fast ausschließlich muslimischen Bevölkerung gelten, die von Zeitgenossen als „ein türkisches Wunder" bezeichnet worden ist.

Dieser Weg ist wesentlich durch das Handeln und eine zielgerichtete Strategie des osmanischen Offiziers, des politischen Revolutionärs und späteren Staatsmannes Mustafa Kemal Paşa, später genannt „Atatürk", „Vater der Türken", bestimmt worden, den viele daher für eine der bedeutendsten politischen Persönlichkeit des 20. Jahrhunderts halten. Dieses Buch wendet sich daher vor allen Dingen an die jüngeren Türken und türkischen Emigranten in Deutschland, die mit den Ereignissen nicht vertraut sind, aber ihre Wurzeln kennen lernen wollen, viele zudem den spannenden türkischen Tatsachenroman „Şu Çılgın Türkler" (*Diese verrückten Türken*) von Turgut Özakman nicht gelesen haben, zumal es bis zum Erscheinungsjahr dieses Buches nur in türkischer Sprache zu erhalten war. Auch Deutsche, die in der Türkei wohnen oder arbeiten, darunter auch deutsche Soldaten und Diplomaten, mögen mit diesem Buch einen tieferen Einblick in ihr Gastland gewinnen, in die Seele der Türken, in die traumatischen erniedrigenden Ereignisse ihres Landes 1918–1923, ihren berechtigten Nationalstolz. Sie werden eher verstehen, warum Kemal Atatürk so hoch verehrt wird: Er ist ihr Gründer und zugleich Retter ihres Vaterlands.

Wegen der angesprochenen hauptsächlichen Zielgruppe und zum Zwecke der einfacheren Lesbarkeit wird weitgehend auf einen wissenschaftlichen Apparat mit vielen und detaillierten Quellenverweisen verzichtet, dafür von Fußnoten Gebrauch gemacht. Das Literaturverzeichnis am Ende, welches nur einen Teil der ausgewerteten Literatur umfasst, enthält die Fakten, die i.a. unumstritten sind.

Der Autor hat umfangreiche Literatur und Dateien in vier Sprachen ausgewertet, darunter auch in der türkischen.

Allein schon die mehreren Hundert einschlägigen Dateien in Wikipedia und Vikipedi geben einen guten sachlichen Überblick, auch wenn Details der Darstellungen mitunter falsch oder tendenziell, also gründlich zu prüfen sind. Einschlägige türkische Suchbegriffe für Bibliotheken und Vikipedi sind „Kurtuluş Savaşı" (Befreiungskrieg), „Istiklal Harbı" (Unabhängigkeitskrieg) oder "Milli Mücadele" (Nationaler Kampf).

Der Autor war bemüht, bei der Erwähnung von Namen die modernen türkischen Begriffe zu benutzen, also z.B. "İzmir" anstatt "Smyrna", es sei denn, dass z.B. in einem historischen Dokument der alte Name gebraucht wird. In manchen Fällen erleichtert auch eine zweite Namensnennung dem westlichen Leser die Orientierung, wie z.B. "Mäander" neben der offiziellen Bezeichnung "Menderes" oder z.B. "Halys" neben der offiziellen "Kızılırmak". Schwierigkeiten der Übersetzung ergeben sich auch wegen fehlender Artikel in der türkischen Sprache, also z.B. bei der Festlegung „der" oder „die" Sakarya als Fluss.

Bei der Bezeichnung von Personen wurde, schon aus Verwechslungsgründen, bisweilen der bekanntere Begriff, der Nachname, in Klammern gesetzt, obwohl Nachnamen erst 1934 eingeführt wurden, so z.B. İsmet (İnönü) anstatt İsmet Bey oder nach Ernennung dann İsmet Paşa.

Häufig wird auch der Begriff „Türke" als Staatsbürgername schon umfassend gebraucht, obwohl der Begriff „Osmane" zumeist korrekter wäre.

Im Osmanischen Reich wurden Bürger mit griechischen Wurzeln als „Rum" bezeichnet, wohl herrührend aus dem Begriff „Römer" bzw. „Rom/Ostrom[1]". Bezeichnungen wie Rumelien, Erzurum oder des Mystikers Rumi beinhalten den Begriff noch. Heute, inkorrekterweise und als Quelle von Verwechslungen, werden diese Rum in der Literatur auch häufig „Griechen" genannt, obwohl sie doch osmanische Staatsbürger waren. Nachfolgend wird der Begriff Rum übernommen in Abgrenzung zu den griechischen Staatsbürgern, die die Türken „Yunanlı" nennen.

Die Zeitangaben folgen dem im Osmanischen Reich damals schon bekannten Gregorianischen Kalender und nicht dem damals in Griechenland gebräuchlichen Julianischen.

---

[1] Celâlettin Rumi oder Mevlânâ (unser Meister), ein persischer Sufi, Mystiker und Dichter, der im 13. Jahrhundert lebte und nach Konya auswanderte: Sein Sohn gründete dort den Mevlevi Derwisch Orden, im Westen auch als „Tanzende Derwische" bezeichnet.

II.   Der Waffenstillstand von Mudros/Mondros

Der Waffenstillstandsvertrag von Mudros/Mondros am 31.10.1918 beendete für das Osmanische Reich die Kämpfe des Ersten Weltkrieges.

Kapitel 7 dieses Vertrages, der ein Diktat darstellte, gestattete u.a. den Siegermächten Großbritannien, Frankreich und Italien, auch Entente (İtilaf Devletleri) genannt, weitere Besetzungen über die aktuelle Waffenstillstandslinie hinaus vorzunehmen, wenn die Sicherheit bedroht sei. So besetzte Großbritannien, der Wortführer der Entente, noch in den Folgetagen rechtswidrig Mosul, natürlich wegen der dortigen Ölvorkommen. Kapitel 7 zielte auch auf die sechs „armenischen Provinzen" in Ostanatolien.

Die Osmanische Armee musste abrüsten[2]. Istanbul, die Wasserstraßen, die Eisenbahnlinien und die osmanische Flotte kamen unter alliierte Kontrolle.

Ab 12.11.1918 besetzten französische Truppen, einen Tag später britische und am 07.02.1919 italienische İstanbul.

Am 13.11.1918 ankerten dort 55 alliierte Kriegsschiffe, darunter auch griechische, obwohl die Griechen an Kampfhandlungen gegen das Osmanische Reich gar nicht teilgenommen hatten. Auch das wurde mit dem Kapitel 7 des Waffenstillstandsvertrages begründet.

Diese Okkupation seines Landes beobachtete in İstanbul in zorniger Grundstimmung Mustafa Kemal Paşa (Atatürk), der kurz zuvor sein Kommando über die Heeresgruppe Yıldırım[3] abgeben musste und nicht weiter gegen die Briten kämpfen durfte.

In visionärer Voraussicht sagte er: „Geldikleri gibi - Giderler" (*So wie sie gekommen sind, werden sie auch wieder gehen*). Er sollte Recht behalten, denn am 06.10.1922 standen wieder türkische Truppen in İstan-

---

[2] Nach Özakman hatten die regulären türkischen Truppen im Wechsel 1918/1919 nur noch einen Umfang von ca. 35.000 - 40.000 Mann, die irregulären („Aufständischen", Freikorps) allerdings von ca. 400.000 Mann.

[3] Auch Heeresgruppe F genannt, die ab 1917 vom deutschen General Falkenhayn, dann bis kurz vor dem Waffenstillstand von General Liman von Sanders geführt wurde. Sie wurde an Mustafa Kemal Paşa im Raum Adana übergeben.

bul.

Zwar waren nach Flucht des vorhergehenden Kabinetts unter Talât Paşa der Sultan und Kalif Mehmet VI/Vahidettin sowie der neue Großwesir Ahmet İzzet Paşa (Furgaç) mit Kabinett und das Osmanische Parlament noch im Amt[4], jedoch weitgehend machtlos. In der Amtszeit des letzten Sultans (03.07.1918–01.11.1922) sollten dann in rascher Folge noch weitere Kabinette folgen.

Die Macht lag bei den Alliierten, die mit ihren Hohen Kommissaren[5] als politische Instanzen und hohen Militärs als Befehlshaber ihrer Streitkräfte vor Ort waren. Zunächst war der französische General Franchet d'Espèrey der militärische Ansprechpartner, später der britische General Milne. Die Zusammenarbeit zwischen diesen Instanzen war sowohl innerhalb einer Nation wie auch zwischen den Nationen von Anfang an nicht reibungsfrei.

Der Sultan und die Regierung suchten ihr Heil in der Kooperation mit den Briten, auch unter Preisgabe weiterer nationaler Interessen, was von der vor allem in Anatolien sich bildenden nationalen Gegenbewegung und späteren Gegenregierung in Ankara als Hochverrat gegeißelt wurde.

Ein wesentlicher Vorteil der nationalen Gegenbewegung und ihrer irregulären wie auch restlichen regulären Streitkräfte war die militärisch unzureichende Stärke der Alliierten, um die Demobilmachung der Osmanischen Armee durchzusetzen. Hinzu kamen die große Kriegsmüdigkeit und Schwierigkeiten der Alliierten, in ihren Parlamenten weitere Truppenverstärkungen durchzusetzen. Allerdings waren die Türken mindestens ebenso erschöpft, denn sie waren ja vor dem Ersten Weltkrieg schon durch die verlorenen Balkankriege geschwächt.

Der letztlich entscheidende Unterschied war jedoch der wachsende Überlebenswille der türkischen Freiheitsbewegung, der in der Persönlichkeit von Mustafa Kemal kulminierte und auch noch weitere 3,5 Jahre des Unabhängigkeitskrieges siegreich überstand.

---

[4] Am 21.12.1918 vom Sultan aufgelöst. Neuwahlen geplant für vier Monate nach Friedensschluss.
[5] Nach einem Friedensvertrag werden sie von Botschaftern ersetzt.

III.   Mustafa Kemal Paşa in Samsun

Der nachfolgende Kartenausschnitt zeigt die nunmehr wichtigsten Orte im Unabhängigkeitskampf in Anatolien: İstanbul, Samsun und İzmir sowie das Operationsgebiet des bevorstehenden Griechisch-Türkischen Krieges. Dieses umfasst das Gebiet zwischen dem Schwarzen Meer im Norden, dem Marmarameer, dem Mittelmeer, dem Fluss Büyük Menderes (Mäander) im Süden und dem berühmten Fluss Sakarya (Sangaria) im Osten. Dieser fließt ca. 50 km westlich der aufstrebenden Stadt Ankara, die das Zentrum des Widerstandes und am 13.10.1923 Hauptstadt der Neuen Republik Türkei wird. Ostwärts Ankara verläuft der Fluss Kızılırmak (Halys), der als eine nur planerisch weitere türkische Rückzugslinie angedacht war.

(Quelle: http://www.weltkarte.com/uploads/pics/karte-staedte-tuerkei.png)

Nordwestlich Eskişehir liegt auch Söğut, die erste provisorische Hauptstadt der Osmanen Ende des 13. Jahrhunderts, und Bursa, die erste große Hauptstadt der Osmanen ab 1326. Der Verlust dieses Kernsiedlungsgebiets der Osmanen wäre somit besonders schmerzhaft.

Am 19.05.1919 landete Mustafa Kemal Paşa auf dem Schiff Bandırma mit 18 Getreuen und einem britischen Visum in Samsun. Wie kam es dazu, und was wollte er dort?

Er sollte als Inspekteur[6] der 3. Armee (Inspektion) in Konya im Auftrag der Briten und des Sultans vom 15.05.1919 die schleppende Demobilmachung in Zentralanatolien durchsetzen. Der Armee war neben dem III. Armeekorps (AK) in Sivas unter dem Kommando von Oberst Refet (Bele) das XV. AK in Erzurum unter dem Befehl von Kâzım (Karabekir) Paşa unterstellt mit noch mindestens 20.000 Mann. Dieser Truppenführer wurde anfangs eine große Stütze für Mustafa Kemal. U. a. verweigerte Karabekir seine Festnahme, als Kemal später vom Sultan mit einem Haftbefehl belegt wurde. Schließlich verfügte Mustafa Kemal nach seinem Abschied aus der Armee am 08.07.1919 über keine Befehlsgewalt mehr, wohl aber über eine glänzende Reputation unter seinen ehemaligen Kriegskameraden. Mit dem Auftrag hatten die Briten und der Sultan nämlich den „Bock zum Gärtner" gemacht, ihren Irrtum jedoch zu spät erkannt. Kemals Absicht war der Aufbau einer nationalen, straff organisierten Widerstandsbewegung nach dem Grundsatz: „Unabhängigkeit oder Tod"[7]. Der 19.05. als Beginn des Türkischen Befreiungskrieges wurde somit später in Erinnerung an Atatürk zum türkischen Nationalen Feiertag: „Atatürk'ü Anma, Gençlik ve Spor Bayramı", auch der Jugend und dem Sport gewidmet.

---

[6] Müfetiş. Er kommunizierte allerdings im Geheimen sofort und intensiv mit anderen Truppenführern seines Vertrauens sowie den Provinzgouverneuren, erteilte ihnen – wohl außerhalb seiner Kompetenz – Weisungen. Dies konnte der Regierung in İstanbul natürlich nicht verborgen bleiben. Einer Rückberufung nach İstanbul am 05.06.1919 durch den Kriegsminister Şevket Paşa, gewarnt durch den Generalstabschef Cevat Paşa, kam Mustafa Kemal daher nicht nach.

[7] Ya İstiklal – ya Ölüm! Es war auch das Motto der Freikorps.

General Mustafa Kemal Paşa
(Quelle: https://tr.wikipedia.org/wiki/Mustafa_Kemal)

IV.   Die griechische „Megali Idea"

Am 19.01.1919 begannen in Sèvres bei Paris die Friedensverhandlungen zum Abschluss des Ersten Weltkrieges, zu denen jedoch Vertreter des Osmanischen Reiches erstmals am 17.06.1919[8] geladen waren. Dort stieß der Großwesir Damat Ferit Paşa mit seinen Forderungen auf Unverständnis. In der Konferenz legte der griechische Premierminister Venizelos u. a. den Plan vor über die Verwirklichung der „Megali Idea", der „Großen Idee"[9]. Mit ihr erhob Griechenland Anspruch auf Ostthrakien und die u. a. schwarz bzw. schraffiert gezeichneten Gebiete Anatoliens mit der Behauptung, dass in ihnen mehrheitlich griechisch-stämmige Bewohner lebten, von den Türken als „Rum" bezeichnet. In Wirklichkeit sahen sich wohl die Griechen[10] schon vor ihrer Staatsgründung in 1830 als Erben des Byzantinischen Reiches, das 1453 untergegangen war. Der spätere griechische Ministerpräsident Gounaris gab sogar im Mai 1921 als Kriegsgrund an, dass man „die Griechen vom muslimischen Joch befreien müsse", dass also auch die Griechen einen Freiheitskampf führten. Die Absicht wurde von griechischer Seite mit „Enosis"[11] bezeichnet, was „Union" und damit „Anschluss" bedeutet. Bemerkenswert ist, dass im Krieg 1919–1922 griechische Truppen noch viel weiter nach Osten bis kurz vor Ankara ohne erkennbares geographisches Ziel vorstießen.

Die Alliierten (zunächst ohne Italien) erlaubten unter Hinweis auf angebliche Unruhen und Artikel 7 des Waffenstillstandsvertrages von Mudros Griechenland am 12.05.1919 in Paris zunächst nur die Besetzung „der Zone von Smyrna" ohne geographische Begrenzungslinie, was zurück ging auf ein Angebot des britischen Außenministers Grey am 4.01.1915 als Lohn für einen Kriegseintritt Griechenlands an der Seite der Entente im Ersten Weltkrieg, der dann am 29.06.1917 erfolgte. Die o. a. Erlaubnis wurde am 19.04.1917 bestätigt durch die „Großen Drei": den US-Präsidenten Woodrow Wilson, den französischen Premierminister Georges Clemenceau und den britischen Pre-

---

[8] Danach erst wieder am 10.05.1920.
[9] Quasi ein „Großgriechenland".
[10] Gemeint waren die Rum, also griechisch-stämmige Osmanen.
[11] Der Begriff taucht später wieder auf in der Zypernkrise 1974.

mierminister David Lloyd George.[12] Allerdings hatte die Entente auch Italien zum Kriegseintritt überredet[13] und am 26.04.1915 im Londoner Abkommen und in den Abkommen von St. Jean de Maurienne am 16.05.1916 und 17.04.1917 territoriale Zusagen versprochen, İzmir einschließend. Ein späterer Streit war damit vorherzusehen. Außerdem sollte unter Aufsicht des Völkerbundes in fünf Jahren ein Memorandum stattfinden. Dieser war allerdings zu den Verhandlungen nicht geladen.

(Quelle: http://commons.wikimedia.org/Wiki/File:ParisPeace-Venizelos-Map.p)

---

[12] Beim Hinzutreten des italienischen Premierministers Vittorio Emanuele Orlando, der bis 23.06.1919 amtierte, sprach man von den „Großen Vier". Das umfassende – de facto weniger bedeutsame – Entscheidungsgremium war der 10-er Rat unter Einschluss Japans, in den jedes der fünf Mitglieder zwei Vertreter entsandte.
[13] Dieser erfolgte am 23.05.1915.

Festzuhalten bleibt, dass der spätere griechische König Konstantin I.[14], der aus dem Exil 1920 an die Macht kam, zunächst gegen die Megali Idea war, später aber einlenkte. Sein Sohn Alexander, König bis 25.10.1920, hatte jedoch die Idee unterstützt wie auch den Kriegseintritt gegen das Osmanische Reich im Mai 1919.

Im Zeitraum 28.10.1918–06.12.1923 residierten zwei griechisch-orthodoxe Patriarchen in İstanbul, die beide die Megali Idea stark propagierten: Dorotheos Mammelis und Meletios Metaxakis[15]. Dorotheos ließ am 16.03.1919 in den Kirchen die Union „der Griechen[16] İstanbuls" mit Griechenland proklamieren. Er hatte bereits am 21.01.1919 den Türkischunterricht in griechischen Schulen untersagt. Die Beziehungen mit dem Großwesir in İstanbul wurden abgebrochen, stattdessen Beziehungen gepflegt mit den Armeniern und der Anglikanischen Kirche. Zahlreiche Interventionen in Sèvres und in London blieben allerdings letztlich erfolglos.

Auch der Erzbischof von Trabzon, Chrysantos Filippidis, präsentierte im April 1919 in Sèvres die Idee eines Pontus Staates an der Küste des Schwarzen Meeres, der allerdings Ministerpräsident Venizelos widersprach. Filippidis wurde wegen seiner Umtriebe 1920 in der Türkei verurteilt, konnte aber nach Athen fliehen. Erst am 06.12.1923 normalisierte sich die Situation wieder mit der Wahl von Gregorius Zervoudakis zum Patriarchen in İstanbul. Er war ohnehin im März 1919 aus Protest aus der Synode ausgetreten.

Im Friedensabkommen von Lausanne 1923 wurde die Megali Idea dann endgültig zu Grabe getragen.

---

14 Am 19.12.1920 inthronisiert. Von den Griechen auch als Konstantin XII. bezeichnet, da für sie Konstantin XI. der letzte byzantinische Kaiser war. Somit eine klare Beziehung zur Eroberung Konstantinopels 1453.
15 Sie waren nur Platzhalter „Locum Tenens". Meletios war auch kein Rum, was dem Edikt von 1856 widersprach. Er wurde daher von türkischer Seite nicht anerkannt.
16 Gemeint waren Rum und griechische Staatsbürger.

V. Die griechische Besetzung von İzmir

Am 15.05.1919 besetzen die Griechen mit einer Division, kommandiert von Oberst Zafiriou, İzmir, was dem Vali (Provinzgouverneur) İzzet Bey am Tag zuvor vom britischen Hochkommissar in İstanbul, Admiral Calthorpe[17], zgl. als Befehlshaber der alliierten Flotte vor Ort, angekündigt worden war. İzzet Bey und der örtliche Kommandierende General des XVII. Korps, Ali Nadir Paşa, hatten keine klare Order von der İstanbuler Regierung. Der Kriegsminister[18] Şakir Paşa tat im Vorfeld die Meldungen als Gerüchte ab. Zwei türkische Regimenter der 56. Division blieben daher passiv. Erst das 3. Regiment der Division, das Regiment 172 in Ayvalık, leistete unter dem Kommando von Oberst Ali Bey am 28.05.1919 Widerstand. Dies führte in der Junimitte 1919 zur vorübergehenden griechischen Räumung von Nazilli und Ayvalık. Das Verhalten von Nadir Paşa wurde später von Mustafa Kemal Paşa scharf gerügt. Nach türkischer Darstellung hatte der Journalist Hasan Tahsin[19] noch in der Nacht in einer Protestkundgebung zum Widerstand aufgerufen. Er habe am Folgetag zwei griechische Soldaten auf dem Konak Platz[20] erschossen, bevor er selbst starb. Wegen dieses ersten Schusses (ilk kurşun) gilt er heute als Nationalheld.

Nach Darstellung des britischen Diplomaten Smith wurden die Griechen beim Vorbeimarsch an einer türkischen Kaserne aus dieser heraus beschossen, worauf ca. 35 türkische Soldaten gefangen genommen und getötet wurden. In der Folge kam es zu heftigen Ausschreitungen unter der bewaffneten Zivilbevölkerung, an denen sich auch Rum beteiligten. Sie wurden nicht eingedämmt, weil die türkische Polizei schon nicht mehr existent war und der griechische Hochkommissar Stergiadis erst zum 20.05.1919 eintraf. Er rief dann zur Mäßigung auf. Der erste griechische General, General Nider, traf auch erst am 2. Juni ein. Auch er hätte für Disziplin sorgen können. Der griechische Bischoff von İzmir, Erzbischof Chrysostomos Kala-

---

[17] Einzelheiten der Besetzung wurden noch bekannt durch die vom britischen Premierminister Wilson verfügte Öffnung der Archive in 1966.

[18] Harbiye Nezareti.

[19] Tarnname: Richtiger Name Osman Nevres.

[20] Auf dem Platz steht ihm zu Ehren ein Denkmal.

fatis, begrüßte die einmarschierenden Truppen. Er wurde nach Rückeroberung İzmirs im September 1922 auf der Straße ermordet.

Auf Bitte des Şeyh ül İslam[21] am 15.07.1919 und Vorschlag von Clemenceau wurde eine interalliierte Untersuchungskommission am 18.07.1919 einberufen bestehend aus vier Nationen mit Beobachtern der beiden gegnerischen Parteien, deren zunächst geheim gehaltener Untersuchungsbericht[22] den Griechen die weitgehende Schuld zusprach und schon empfahl, die Besetzung İzmirs durch alliierte Truppen vorzunehmen. Mit der u.a. Milne-Linie[23] wurde am 03.11.1919 durch die Alliierten eine Waffenstillstandslinie festgelegt. Der Kriegsminister Cemal Paşa nahm diese Entscheidung hin, während sich die Griechen später darüber hinwegsetzen sollten. Im übrigen sollten die Ergebnisse von Sèvres zunächst abgewartet werden.

Der französische Premierminister Clemenceau schlug sogar einen Rückzug der Griechen vor.

Lloyd George verweigerte am 16.03.19120 dem britischen Parlament die Offenlegung des Berichtes.

---

[21] Der Mufti von İstanbul und die höchste religionsrechtliche Instanz im Osmanischen Reich. Er konnte z.B. Rechtsgutachten (Fetva) erstellen.

[22] Im Internet nachlesbar unter „Documents of the Inter-Allied Commission into the Greek Occupation of Smyrna and Adjoining Territories" vom 14.10.1919, acht Dokumente.

[23] General George Milne: Britischer Oberbefehlshaber der Schwarzmeerarmee. Eine Demarkationslinie, die von beiden Kriegsparteien zu beachten war. Sie verlief von der Küste nordostwärts Ayvalık, nördlich Soma, ostwärts Manisa, westlich Salihli, ostwärts Ödemiş, ostwärts und südlich Aydın, Küste nördlich Skalalova.

VI.   Alliierte Besetzungen im Vorgriff auf Sèvres

Schon am 23.05.1919 weiten die griechischen Kommandeure ihre
Besetzungen aus nach Norden, Osten und Süden, zumeist basierend
auf griechischen Weisungen. Im Einzelfall werden sie auch schon
einmal wegen Eigenmächtigkeit zurück beordert vom Hochkommissar Stergiadis, so am 09.06.1919 aus Akhisar nach Manisa. Der ver-
antwortliche Kommandeur musste für zwanzig Tage in den Arrest.

Bei den Operationen im Juni/Juli 1919 kam es zu heftigen Gefechten zwischen türkischen Freikorps (die wegen grundsätzlicher
Unterlegenheit Guerillataktik anwenden mussten, unterstützt von den
wenigen regulären türkischen Truppen) einerseits und den gegnerischen regulären griechischen Truppen andererseits, zumeist mit
schmerzlichen türkischen Verlusten, so in Bergama, wo am 15.06.
1919 die Türken zunächst erfolgreich waren, in Urla, Menemen, Er-
beyli, Malgaç, Erikli und Aydin im Tal des Menderes. Diese Stadt
wechselte mehrfach den Besitzer, wobei der Freikorpsführer Ali Efe
den ersten größeren türkischen Sieg errang, u.a. den griechischen Ge-
fechtsstand im Bahnhof Aydin aushob, Brücken- und Eisenbahn-
Infrastruktur zerstörte, erhebliche Beute machte und zwanzig Griechen gefangen nahm. Im November 1920 wurde er als Kommandeur
mit seinen Truppen in die reguläre türkische Armee eingegliedert.
Aydin brannte nahezu völlig ab und wurde eine Ruinenstadt. Ein Teil
der Bevölkerung in den Operationsgebieten floh oder wurde evakuiert.

Die Ereignisse wurden am 26.06.1919 vom britischen House of
Commons verurteilt und flossen auch ein in den o.a. Bericht der In-
teralliierten Kommission. Am 16.03.1920 distanzierten sich die drei
Nationen Frankreich, USA und Italien von den griechischen Aktionen im Rahmen der Gebietsausweitung, noch nicht jedoch die Regierung von Großbritannien.

Die Friedensverhandlungen von Sèvres, die zunächst ohne türkische Beteiligung verliefen und letztlich zu keinem gültigen Vertrag
führten[24], sahen eine umfassende Demobilmachung des Osmani-

---

[24] Der Großwesir Damat Ferit Paşa unterzeichnete den Vertrag am 10.08.1920, der
jedoch vom Sultan und dem Parlament nicht ratifiziert wurde.

schen Reiches vor bis auf 700 Soldaten als Palastwache und 50.000 Mann für die Jandarma. İstanbul sollte Hauptstadt bleiben in einer internationalen Neutralen Zone des Bosporus.

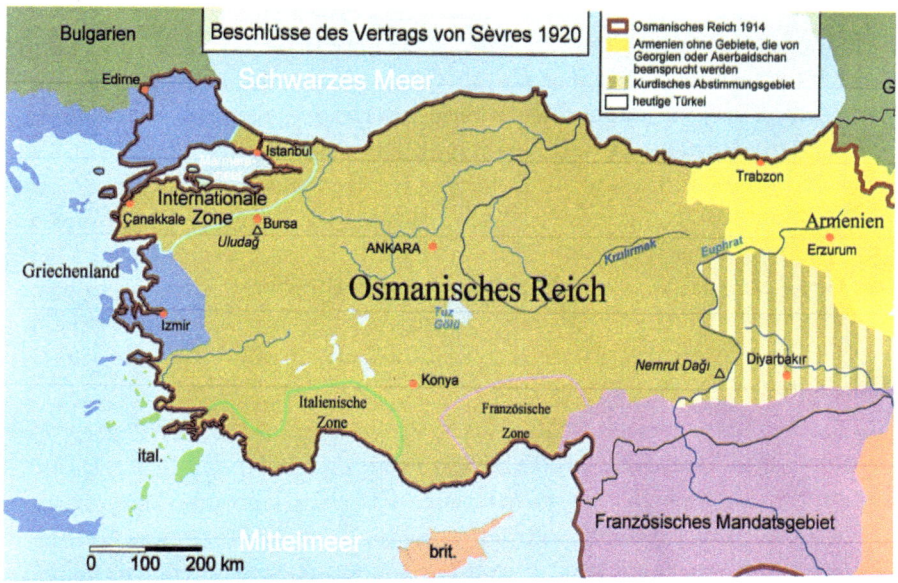

(Quelle: http://upload.wikimedia.org/wikipedia/commons/1/14/Treaty_sevres_otoman_de.svg)

Neben diesem Hauptvertrag wurde in einem geheimen Nebenvertrag quasi die Aufteilung des o.a. dargestellten Gebietes geplant, so dass das Osmanische Reich de facto auf ein Kerngebiet in Zentralanatolien beschränkt worden wäre. So sollte Griechenland das in Blau gekennzeichnete Gebiet zugesprochen werden. Hierbei stellt die östliche Begrenzung um İzmir auch die Milne-Linie dar. Später, im April 1920, marschierten die Griechen in Ostthrakien ein, welches nur vom I. Korps in Edirne mit bulgarischer Unterstützung geschützt wurde. Tekirdağ fiel am 20.07.1920, Edirne am 25.07.1920, Gelibolu/Gallipoli am 04.08.1920. Mustafa Kemal Paşa hat später die schwache Führungsleistung des Korps stark kritisiert.

Westthrakien sollte nach einem – der Ententemächte internen –

Vertrag vom 10.08.1920 Griechenland zugeschlagen werden.

Im Nebenvertrag von Sèvres wurden sogenannte „ökonomische Einflusszonen" festgelegt, eine harmlose Umschreibung für weitere Besetzungen.

Der Nordosten Anatoliens wurde Armenien zugesprochen, das am 19.04.1919 u.a. Kars besetzt hatte. Das schraffierte Gebiet im Osten, unter britischem Mandat, sollte in einer Abstimmung unter dem Völkerbund ein Jahr nach dem Friedensvertrag – mindestens in Form einer Autonomie – an die Kurden gehen, zusätzlich auch Mosul. Die Briten hatten sich auch mit geringen Kräften in Çanakkale, an Eisenbahnkotenpunkten wie in Eskişehir unter General Sally Clade und an der Schwarzmeerküste in Merzifon und Samsun festgesetzt. Diese beiden Orte haben sie aber schon im Oktober 1919 wieder geräumt. Nach Rückzug der britischen Truppen aus dem Kaukasus im Oktober 1919 hinterließen sie ein Vakuum, das Ende 1920 die Russen ausfüllten.

Italien hatte bereits – ab 24.03.1919 beginnend – das Gebiet um Antalya und Marmaris, ab 05.05.1919 dann auch Konya besetzt, ohne Zustimmung der Sèvres Konferenz. Die Entflechtung der griechischen und italienischen Truppen am Menderes bedurfte dann einiger Anstrengungen, erleichtert durch den neuen italienischen Premierminister Francesco Nitti.

Die Franzosen waren am 17.11.1918 mit armenischen Freiwilligenkontingenten in Mersin gelandet, danach am 19.11.1918 in Tarsus. Ende 1918 besetzten sie gegen heftigen Widerstand nationaler türkischer Kräfte auch die Çukurova/Kilikien mit Adana und İskenderun. Im Oktober 1919 übernahmen die Franzosen von den Briten zusätzlich die Vilâyets/Provinzen Antep, Maraş und Urfa, wie grundsätzlich im u.a. britisch-französischen Sykes-Picot Abkommen vom 16.05. 1916 vereinbart.

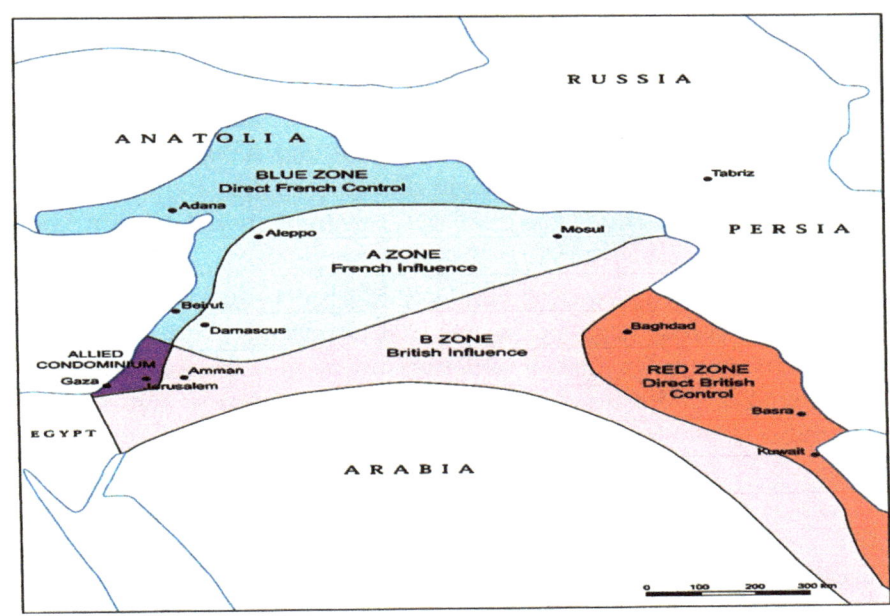

Sykes – Picot Abkommen

(Quelle: http://upload.wikimedia.org/wikipedia/commons/e/ee/Sykes-Picot-1916.gif)

Frankreich durfte auch ab 18.03.1919 die Kohleminen um Zonguldak und Eregli am Schwarzen Meer ausbeuten, was erhebliche Auswirkungen auf den türkischen Eisenbahnbetrieb haben sollte. Die Türken waren gezwungen, auf Holz als Brennmaterial auszuweichen, welches manchmal noch auf freier Strecke geschlagen werden musste.[25] In einem Extremfall wurden sogar hölzerne Verkleidungen von 14 Wagons verbrannt, um einen Truppentransport durchführen zu können. Somit sah Mustafa Kemal schon bei der Landung in Samsun seine Restheimat bedroht durch Besetzungen im Westen, Süden und Osten, während er von den gravierenden Planungen im Rahmen von Sèvres nur z.T. Kenntnis haben konnte. Ihm war jedoch klar, dass Anatolien und Ostthrakien nur durch einen ungeheuren kombinierten politisch-militärischen Kraftakt, gerichtet nach innen und außen, zu retten war.

---

[25] Bei Holzbefeuerung maximale Geschwindigkeit ca. 30 km/h.

VII.   Mustafa Kemal Paşa in Anatolien

Kurz nach seiner Ankunft in Zentralanatolien begann Mustafa Kemal Paşa über Rundschreiben, Versammlungen und Kongresse den nationalen Widerstand zu organisieren. Dabei kam ihm zugute, dass das Bedienungspersonal des landesweiten Telegraphensystems ihm überwiegend treu ergeben war.

Von der ersten Versammlung am 30.05.1919 in Havza bei Samsun gingen bereits wichtige Signale aus: Gründung einer Widerstandsor- ganisation, Gewinnung und Einigung von dezentralen Kräften, Pro- test gegen die Besetzung von İzmir, Zerstreuung von Zweifeln an der eigenen Sache.[26] Hier entstand der Marsch der Jugend[27], der auch der 19. Mai als Nationaler Feiertag gewidmet ist.

Im „Amasya Rundschreiben" vom 22.06.1919, das erste schriftliche Dokument mit breiter Verteilung an militärische und zivile Behörden, gezeichnet von Mustafa Kemal Paşa, Ali Fuat Cebesoy[28], Hüseyin Rauf Orbay[29] und Refet Bele[30], wurde die Einheit und Unabhängigkeit der Nation erklärt und die Bildung eines Nationalkongresses gefordert zur Legitimation späterer militärischer und politischer Maßnahmen. Der Kongress sollte in Sivas abgehalten werden mit einer Vorbereitungskonferenz der östlichen Provinzen am 10.07.1919 in Erzurum. Zuvor, am 23.06.1919, verbot der Innenminister der Sultansregierung Ali Kemal Bey den zivilen Behörden die Kooperation mit Mustafa Kemal Paşa, was aber wenig bewirkte.

Am 08.07.1919 beantragte daher Mustafa Kemal Paşa die Entlassung aus der Armee, der stattgegeben wurde. Interim Nachfolger auf seinem Dienstposten wurde Kâzım Karabekir Paşa. Mustafa Kemal Paşa entgeht einem ersten Versuch der Verhaftung durch Verräter in Sivas am 27.06.1919. Weitere Versuche sollten folgen.

Im Zeitraum 23.07.–07.08.1919 wurden auf dem Kongress in Er-

---

[26] „Hiçbir zaman ümitsiz olmayacağız …" - „Zu keiner Zeit werden wir ohne Hoffnung sein… " Der Marsch der Jugend.
[27] Gençlik Marşı. https://tr.wikipedia.org/wiki/Gençlik Marşı.
[28] KG des XX. Korps in Ankara.
[29] Früherer Marineminister.
[30] KG des III. Korps in Sivas.

zurum mit 56 Delegierten aus den östlichen Provinzen unter dem Vorsitz von Mustafa Kemal erste Beschlüsse zum sogenannten „Nationalpakt"[31] gefasst, die Unabhängigkeit und Unteilbarkeit erneut beschworen. Gefordert wurde auch die Wiedereinsetzung des Osmanischen Parlaments[32]. Einer Weisung des Sultans vom 30.07.1919 zur Verhaftung Mustafa Kemals, gezeichnet durch den Kriegsminister Nazım Paşa während des Kongresses, kam Karabekir Paşa nicht nach.

General Kâsım Karabekir Paşa
(Quelle:
https://commons.wikimedia.org/wiki/File:Kiazim_Karabekir_Pashawith Djemaliye.jpg)

---

[31] "Misak-ı Milli" in Kinross "Atatürk". http://tr.wikisource.org/wiki/Misak-%C4%B1_Mill%C3%AE.
[32] Mecilis-i Mebusan.

Auf dem nachfolgenden Kongress in Sivas vom 04.09.–11.09. 1919 wurden die Beschlüsse von Erzurum einschließlich des Entwurfes zum Nationalpakt bestätigt und ein 15-köpfiges Repräsentativkomitee[33] gewählt mit Mustafa Kemal als Vorsitzenden. Mit der u.a. Bezeichnung des Komitees wurde erstmals der Gesamtvertretungsanspruch auf die gesamte Türkei erhoben. Formal wurde der Sultan noch unterstützt, aber der Regierung in İstanbul die Fähigkeit abgesprochen, die Rechte der Nation vertreten zu können.

In Sivas empfängt Mustafa Kemal Paşa am 22.09.1919 den US-General Harbord, dem er eine Absage erteilt über dessen Vorstellungen eines Großarmeniens. Die USA verstanden sich zunächst als Fürsprecher für die Armenier, bevor sie das allgemeine Geschehen mehr und mehr den Europäern überließen.

Kemal empfing am 06.12.1919 den o.a. Franzosen Georges Picot in Sivas, dem er eine Absage erteilte bzgl. der Beendigung der Kämpfe, denn er forderte den Abzug der Franzosen. Diese bilateralen Kontakte waren erste Anzeichen für eine zu vollziehende Anerkennung des revolutionären Repräsentativkomitees.

Die Ergebnisse der Konferenz von Sivas führen am 12.09.1919 zum vorübergehenden Abbruch der Kommunikation mit der verärgerten Zentralregierung, bis hin zum Kappen von Telegraphenlinien. Der Dialog wird aber nach einer dortigen Kabinettsumbildung wieder aufleben. Mustafa Kemal Paşa sah sich gezwungen, durch Verhaftungen und personelle Veränderungen beim Militär und der zivilen Verwaltung getreue Gefolgsleute gegen den Willen der Siegerstaaten und der Zentralregierung durchzusetzen sowie örtliche Widerstände durch Truppen in Anatolien im Keim zu ersticken.

Sivas wurde die erste Zentrale für Mustafa Kemal Paşa, bis er seinen Aktionsmittelpunkt am 27.12.1919 nach Ankara verlegte.

Die osmanische Regierung entsandte den Marineminister Salih Paşa als Vertreter zu einem Treffen in Amasya am 20.10.1919, um eine Einigung mit Mustafa Kemal zu erzielen. Das Ergebnis waren die Amasya Protokolle vom 22.10.1919: Die Beschlüsse von Erzurum

---

[33] Heyet-i Temsiliye. Ausführliche Bezeichnung: „Das Repräsentativ-Komitee der Vereinigung für die Verteidigung der Rechte Anatoliens und Rumeliens".

und Sivas sollten auch durch das neu zu wählende Parlament bestätigt werden, Delegierte zu den Friedensverhandlungen in Sèvres auch vom Repräsentativkomitee nominiert werden. Dies war bereits ein deutlicher politischer Erfolg für Mustafa Kemal und den Nationalkongress, der sich zugleich als Regierungsvertretung in Anatolien verstand.

Der Sultan setzte tatsächlich am 07.11.1919 Neuwahlen zum Parlament an, das dann vom 19.01.–18.03.1920 tagte. In ihm hatten die Nationalisten von Mustafa Kemal die Mehrheit[34]. Das Parlament stimmte am 28.01.1920 dem Vorschlag zum Nationalpakt in einer 6-Punkte Version zu[35]. In ihm wurden die Unabhängigkeit der Türkei für zwingend erforderlich gehalten, die Staatsgrenzen in Anlehnung an den Waffenstillstand von Mudros festgelegt[36], also unter Verlust von großen Gebieten im Süden (Syrien, Mesopotamien u.a.m), Westen (Balkan) und Nordosten (Kaukasus). Das Staatsgebiet sollte die Gebiete mit mehrheitlich muslimischer Bevölkerung umfassen, im Einzelfall auch außerhalb der Waffenstillstandslinie. Die Bevölkerung sollte vereint werden in Religion, Rasse und in ihrer Zielsetzung (Art. 1)[37]. Minderheitenrechte sollten garantiert werden, auch für Muslime außerhalb des Staatsgebietes (Art. 5). Dieser Forderungskatalog unterlief die Verhandlungen in Sèvres und floss erst 1923 in den Friedensvertrag von Lausanne ein.

In Reaktion auf diese Ereignisse besetzten die Alliierten am 16.03.1920 nun auch İstanbul formal durch Anlandung weiterer Truppen, verhängten das Kriegsrecht, besetzten öffentliche Gebäude, verhafteten zahlreiche Parlamentarier und andere Personen und deportierten ca. 150 Personen nach Malta ins Exil, von denen die letzten erst im Rahmen des Gefangenenaustausches im Oktober 1921 wieder frei gelassen werden. Die Briten verlangen vom Sultan die Auflösung des Parlamentes in İstanbul. Der Sultan vollzieht dies am 11.04.1920. Die Maßnahme kann sich nicht auf das Waffenstillstands-

---

[34] Die Gruppe zur Rettung des Vaterlandes – Felah – i Vatan Grubu.

[35] Abgedruckt z.B. bei Lord Kinross „Atatürk", 1964, in Englisch oder bei Tuncer Baykara „Milli Mücadele", 1985, in Türkisch.

[36] Damit wurde auch dem Pan-Islamismus und dem Pan-Turanismus eine Absage erteilt.

[37] Din, Irk ve Gâye.

abkommen stützen, da es in İstanbul keine Unruhen gab. Im Prinzip wurde damit nicht nur die Hauptstadt besetzt, sondern die türkische Souveränität untergraben.

Im Gegenzug lässt Mustafa Kemal Alliierte verhaften, die in seine Gewalt geraten sind, u.a. den britischen Colonel Rawlinson, ein Neffe vom Außenminister Lord Curzon.[38]

Per Fetva durch den Şeyh ül İslam Dürrizade am 11.04.1920 gegen die „Rebellen Anatoliens" werden Mustafa Kemal und seine Getreuen[39] zum Tode verurteilt, was dieser am 16.04.1920 mit einer Gegen-Fetva[40] des Mufti von Ankara, Rifat Börekçi unter Einbeziehung von 153 Muftis am 05.05.1920 beantwortet, darin mit einem Aufruf an alle Muslime zur „Befreiung des Sultans und des Kalifen". Man muss davon ausgehen, dass Mustafa Kemal Paşa schon zu diesem Zeitpunkt nicht wirklich diese Absicht vertrat, sondern aus taktischen Gründen Teile der Bevölkerung nicht gegen sich aufbringen wollte. Spätestens mit den Ereignissen der letzten Tage hatte er wohl innerlich den endgültigen Bruch mit dem Sultan und der Istanbuler Regie- rung vollzogen. Nicht verhaftete Parlamentarier und andere national gesinnte Türken schlagen sich anschließend unter Lebensgefahr von İstanbul nach Ankara durch.

Nunmehr sind ca. 200.000[41] Alliierte in der Türkei stationiert, aber immer noch ca. 100.000 zu wenig, um eine kontrollierte Demobilmachung durchzusetzen.

Unmittelbar nach der letzten Sitzung im Osmanischen Parlament lässt Mustafa Kemal am 19.03.1920 eine konstitutionierende Versammlung für ein neues Parlament[42] nach Ankara einberufen. Diese

---

[38] Lord Curzon war wie Churchill gegen die Politik von Lloyd George, die auf eine Aufteilung Anatoliens zielte, letztlich aber scheiterte.

[39] Darunter auch Ali Fuat Paşa, Oberst İsmet (İnönü), Dr. Adnan Adıvar und seine Frau Halide Edip. Todesurteile wurden am 11.05.1920 bestätigt durch ein von der Regierung eingesetztes Militärtribunal.

[40] Karşı Fetva, zugleich Aufruf zum Jihad bzw. „der Anstrengung im Kampf auf dem Wege zu Allah".

[41] Ca 38.000 Briten, 59.000 Franzosen, 17.000 Italiener und schon 90.000 Griechen. In İstanbul nach Mustafa Kemal Paşa ca. die Hälfte von 200.000, nämlich 35.000 Briten, 40.000 Franzosen, 4.000 Italiener und 20.000 Griechen.

[42] Genannt: Türkiye Büyük Millet Meclisi (TBMM) – Große Türkische Nationalversammlung.

National-Versammlung mit ihm als Präsidenten und zunächst wegen der besonderen Umstände nur 115 anwesenden Delegierten von 324 tagte erstmals am 23.04.1920. Die Eröffnung erfolgte bewusst an einem Freitag, war begleitet von religiösen Zeremonien zu Beginn in der Hacı Bayram Moschee. Schon am 21.04.1920 wurde das Land aufgefordert, mit Koranlesungen zu beginnen. Der Tag wird später ein weiterer Nationaler Feiertag[43]. Er wird auch als Gründungstag des neuen türkischen Staates betrachtet, dem später am 29.10.1923 die offizielle Gründung der Republik folgt. Ebenso ein Nationaler Feiertag[44].

In dem Neuen Parlament wird Mustafa Kemal am 02.05.1920 zum Parlamentspräsidenten und zum Präsidenten des Exekutivkomitees – de facto einem Kabinett vergleichbar – ernannt. Unter den elf Ministern wird İsmet (İnönü) Generalstabschef[45] und Mustafa Fevzi (Çakmak) Paşa Kriegsminister. Dieser war schon zuvor Generalstabschef gewesen. Das Parlament war also anfänglich Legislative und Exekutive zugleich.

Die Alliierten wurden von den Ereignissen in Kenntnis gesetzt. In Ankara akkreditiert waren Delegationen der Bolschewiken, der Senussi, Abordnungen aus Syrien, Arabien, Ägypten, Tripolitanien, der Georgier, Tartaren, Perser, Afghanen und Hindus.

Der Entwurf des Friedensvertrages von Sèvres wurde am 11.05.1920 der türkischen Delegation unter Großwesir Tevfik Paşa und der Öffentlichkeit zur Kenntnis gegeben. Er löste große Bedenken sowie Proteste aus. Der neue Großwesir Damat Ferit Paşa jedoch, seit 25.06.1920 wieder im Amt, zeichnete den Vertrag am 10.08.1920.

Als das Parlament in Ankara am 19.08.1920 erfuhr, dass die Vertreter des Sultans den Friedensvertrag von Sèvres am 10.08.1920 gezeichnet hatten, wurden diese zu Hochverrätern erklärt. Die Verurteilung basierte auf einem neuen Gesetz vom 29.04.1920 „über Verbre-

---

[43] Ulusal Egemenlik ve Çocuk Bayramı – Feiertag der Nationalen Souveränität und des Kindes.
[44] Cumhuriyet Bayramı – Feiertag der Republik.
[45] Nachfolger des Repräsentativkomitees – Heyet-i Temsiliye.

chen gegen das Vaterland", womit auch beabsichtigt war, das „Erha-
bene Kalifat und Sultanat sowie das Land von fremden Mächten zu
befreien".

Das Sèvres Abkommen war so fragil wie das bekannte feine Por-
zellan dieser Stadt; es trat nie in Kraft.

General Fevzi Çakmak Paşa
(Quelle: https://upload.wikimedia.org/wikipedia/commons/8/88/Fevzi_Cakmak.png)

VIII. Weiteres griechisches Vordringen

Im Mai 1920 hatten ca. 10.000 türkische Truppen versucht, den Raum um İzmit zu nehmen, wurden aber durch Eingreifen der Briten, die mit See- und Luftunterstützung kämpften, am 17.06.1920 zurückgeschlagen. Auf britischer Seite kämpften auch ca. 2.000 Truppen des Kalifen[46]. Diese waren vom Großwesir am 18.04.1920 aufgestellt worden unter dem Kommando des Tscherkessen Ahmet Anzavur mit materieller und finanzieller Unterstützung der Briten, aber schon am 25.06.1920 von Ali Fuat (Cebesoy) zerschlagen worden. Dieser, wie schon o.a., kommandierte das XX Korps in Ankara und war am 11.09.1919 vom Kongress in Sivas zusätzlich eingesetzt worden als Kommandeur der im Raum befindlichen nationalen Freikorpstruppen[47], wodurch er sowohl reguläre wie auch irreguläre Truppen führte. Am 18.06.1920 wurde er der erste türkische Befehlshaber an der gesamten Westfront in Anatolien. Die Kämpfe gegen regionale Aufstände aller Art sollten noch bis Anfang 1921 andauern.

Wegen der Ereignisse um İzmit mussten die Griechen ihre 11. Division dort zum Schutz der Briten belassen. Diese Division sollte natürlich bei den kommenden militärischen Operationen im Osten fehlen. Die Kämpfe um İzmit dienen dem griechischen Premierminister Venizelos auch, um seinen Truppen grünes Licht für ein weiteres Vorgehen zu geben. Das Vorgehen wurde vom griechischen König Alexander I. gebilligt. So überschreiten die Griechen am 22.06.1920 die Milne-Linie. Der griechische Truppenführer General Paraskevopoulos erzielt mit ca. 100.000 Mann und erneut britischer Unterstützung von zwölf Schiffen im Marmarameer in den Folgemonaten Erfolge gegen die schwachen türkischen Kräfte von Ali Fuat (Çebesoy).

U.a. wird Mudanya von den Briten bombardiert, der Ort des späteren Waffenstillstandes. Balıkesir fällt am 30.06., Bursa am 08.07, İznik/Nicäa am 12.07.1920, Uşak am 28.08.1920. Bei starken eigenen Verlusten billigt Musafa Kemal Paşa ein Zurückgehen auf die Höhe

---

[46] Halifelik Ordusu – Armee des Kalifats; auch Kuvay-ı İnzibatiye genannt – Armee der Disziplin.
[47] Kuva-yı Milliye.

Eskişehir. Nach heftigen Debatten in Ankara stellt er klar, dass dies zur Gewinnung von Zeit unerlässlich gewesen sei, im übrigen zunächst die erfolgreiche Bekämpfung innerer Aufstände Vorrang habe gegenüber der des äußeren Feindes. Wegen des Falls der früheren osmanischen Hauptstadt Bursa wird das Rednerpult im Parlament in Ankara zum Zeichen der Trauer mit einem schwarzen Tuch verhängt. Gegen den Rat des Generalstabschefs führt der Befehlshaber der Westfront am 24.10.1920 nach ungenügender Vorbereitung einen Angriff auf griechische Truppen bei Gebze, der mit einem Rückzug auf Dumlupınar endet.

General Ali Fuat Çebesoy Paşa
(Quelle: https://commons.wikimedia.org/Wiki/File:Ali_Fuat_Pasha.jpg)

Am 13.07.1920 beschließt das Parlament auf Drängen von Mustafa Kemal Paşa die Aufstellung weiterer regulärer Truppen und die Integration der irregulären in die Armee. Ab November 1920 werden somit weitere 17 Divisionen aufgestellt. [48]

Ende 1920 haben die Griechen damit Gebiete im Umkreis von ca. 150 km erobert, wie auf der u.a. Skizze mit den blauen und grünen Pfeilen dargestellt.

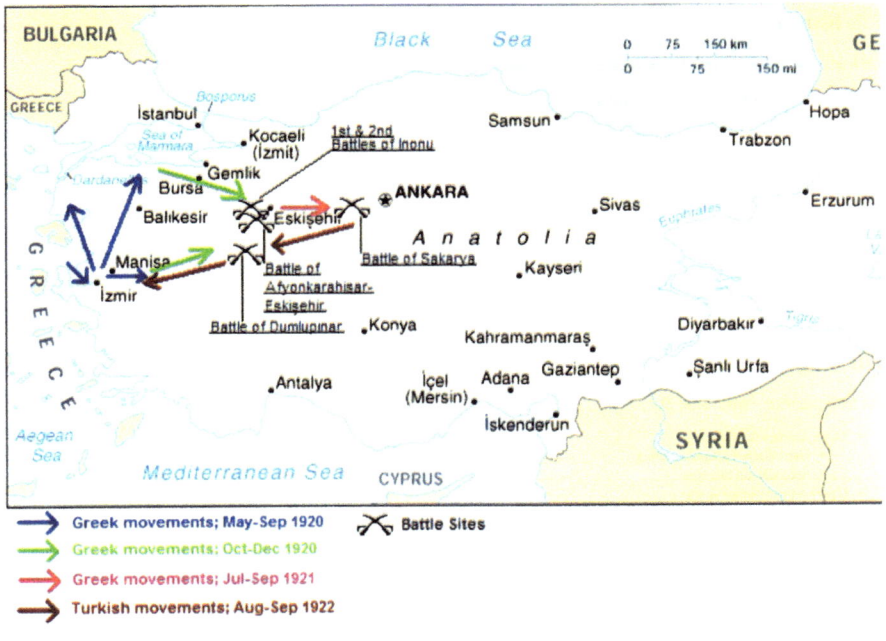

(Quelle: http://upload.wikimedia.org/wikipedia/commons/1/1c/Greco_Turkish_War_Map.png)

Das Kommando an der Westfront wird am 10.11.1920 aufgeteilt: Ali Fuat Çebesoy wechselt am 09.11.1920 als Botschafter nach Moskau, ein äußerst wichtiges Amt, wie noch zu zeigen sein wird. Nördlich der in Ost-West Richtung verlaufenden Bahnlinie wird Oberst İsmet (İnönü) eingesetzt, südlich davon bis zur Küste Oberst Refet

---

[48] Am 26.12.1920 bekräftigt die Große National Versammlung (GNV) noch einmal die Wehrpflicht von Nichtmuslimen, abzuleisten in Arbeiterbataillonen.

(Bele).[49] Den beiden Truppenführen gelang es bis zum Jahreswechsel, separat oder gemeinsam, Aufstände niederzuschlagen, Freikorps abzunutzen oder weitgehend in die reguläre Armee zu integrieren.

General İsmet Inönü Paşa
(Quelle: http://tr.wikipedia.org/wiki%/C4%_%C4BOn%C3%B6nC3%BC)

---

[49] Dieser hatte schon zuvor unter Ali Fuat Çebesoy im Raum Aydın operiert. Er behält zunächst noch das Amt des Innenministers bei. General Fevzi Çakmak wird Interim-Generalstabschef.

General Refet Bele Paşa
(Quelle: https://commons.wikipedia.org/wiki/File: Refet_Bele.jpg)

In Griechenland fanden gegen Ende 1920 große politische und militärische Umwälzungen statt. In den Wahlen am 14.11.1920 wurde Ministerpräsident Venizelos abgelöst. Ihm folgte nach weiteren zwei Premierministern Dimitrios Gounaris.

Konstantin I. wird aus dem Exil geholt und nach einer Volksabstimmung am 19.12.1920 nach 1917 wieder König. Der Wechsel wurde ausgelöst durch einen plötzlichen Tod[50] seines Sohnes Alexander I. am 25.10.1920 und weiteren zwei kurzen Regentschaften Anderer. Der politische Wechsel hat auch erhebliche militärische Veränderungen zur Folge. Bis zum Sommer 1921, also trotz bis dahin erfolgreicher Operationen aus griechischer Sicht und noch während laufenden Kampfhandlungen bei İnönü, werden ca. 400 Offiziere entlassen, darunter drei Kommandierende Generale und sieben von neun Divi-

---

[50] Alexander I. verstarb am Biss eines Affen.

sionskommandeuren. Ca. 150 Offiziere desertieren, andere werden unter Gehaltskürzung in die Etappe[51] versetzt, also auf unbedeutendere Posten. Ca. 1.500 Offiziere werden reaktiviert, die während der Zweistaatlichkeit Griechenlands 1916/1917 entlassen worden waren. Diese waren natürlich mit den militärischen Geschehnissen vor Ort und der Truppe nicht mehr vertraut. Die erheblichen personellen Eingriffe wurden durch den nunmehr formalen Oberbefehlshaber Konstantin I. und den erneut berufenen militärischen Oberbefehlshaber der griechischen Armee in Anatolien General Papoulas angeordnet. Dieser wird jedoch – im Gegensatz zum späteren Oberbefehlshaber und Widersacher Mustafa Kemal Paşa – über keine politischen oder unbeschränkt militärischen Befugnisse verfügen, also über die entscheidenden Faktoren Raum, Zeit und Kräfte.

Da am 14.11.1920 die Soldaten wieder das Wahlrecht ausüben durften, wurde die griechische Armee weiter intern politisch polarisiert, was Auswirkungen auf die Schlagkraft haben sollte. So weigerte sich z.B. die griechische Kavalleriebrigade am 21.11.1920 auf Uşak vorzugehen, weil sie wegen der politischen Umwälzungen dichter am Informationszentrum İzmir bleiben wollte.

---

[51] Rückwärtige Gebiete.

General Anastasios Papoulas
(Quelle: http://upload.wikimedia.org/wikipedia/commons/7/7b/Papoulas_Anastasios.JPG)

General Papoulas unterstützt 1935 – nunmehr als Antimonarchist – einen Staatsstreich von Venizelos gegen die 2. Griechische Republik, wird gefangen genommen und in Athen hingerichtet. Venizelos wird in Abwesenheit ebenso zum Tode verurteilt und stirbt ein Jahr später im Pariser Exil.

IX.   Die griechischen und türkischen Truppen

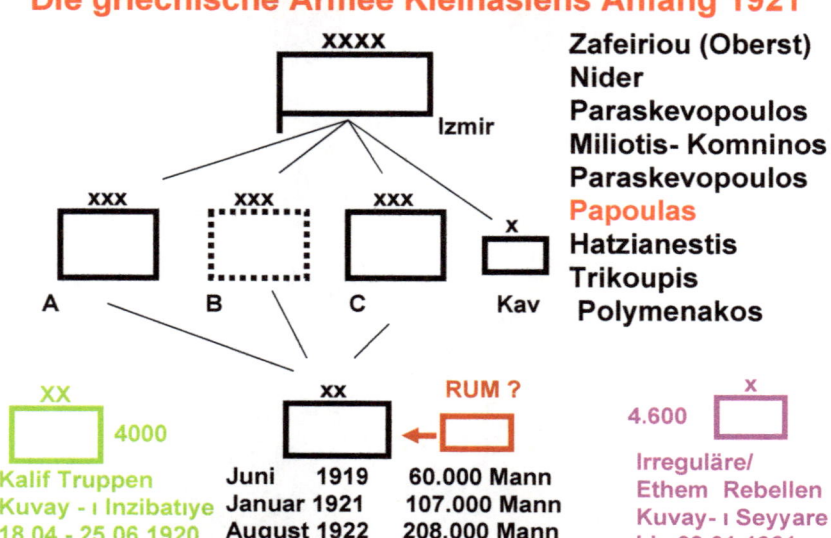

Die griechische Armee Kleinasiens Anfang 1921

XXXX

Izmir

Zafeiriou (Oberst)
Nider
Paraskevopoulos
Miliotis- Komninos
Paraskevopoulos
Papoulas
Hatzianestis
Trikoupis
Polymenakos

XXX A   **XXX** B   **XXX** C   **x** Kav

XX 4000
Kalif Truppen
Kuvay - ı Inzibatıye
18.04.- 25.06.1920

XX
RUM ?
Juni 1919   60.000 Mann
Januar 1921   107.000 Mann
August 1922   208.000 Mann

x 4.600
Irreguläre/
Ethem Rebellen
Kuvay- ı Seyyare
bis 03.01.1921

(Quelle: Autor)

Die griechische Armee wuchs im Krieg auf von einer Division (Div) bis zu drei Korps, die mit A, B, C bezeichnet wurden. Die Türken bezeichneten sie mit I, II, III. Geplant war die Aufstellung von zwölf Divisionen[52], von denen allerdings eine Division in Thrakien (Tekirdağ) und eine Division „zum Schutz İstanbuls" dort stationiert wurde. Die Griechen besaßen nur eine Kavalleriebrigade, was sich später als deutliche Schwäche herausstellen sollte. Auch ihre relativ großen Pferde waren ziemlich ungeeignet, da sie nicht aus Anatolien stammten, das dortige karge Futter nicht vertrugen und damit die Robustheit dieser dort kleineren Pferde nicht besaßen. Das Hauptquartier (HQ) der Armee blieb bis zum Kriegsende weit zurück in İzmir; vor Ort kämpften damit die drei Kommandierenden Generale (KG) un-

---

[52] Die griechischen Divisionen waren mit mindestens 10.000 Mann personell und materiell deutlicher stärker als die türkischen.

40

koordiniert, wenn deren Fernmelde-Verbindungen zum HQ und ihren Nachbarn ausfielen. Lagebilder erreichten das HQ mit deutlicher Verspätung, vor allem in der Spätphase der Kämpfe, erst recht die Hauptstadt Athen. Dortige Entscheidungen basierten oft auf überholten Lagebildern oder gar zu optimistischen Meldungen der Truppenführer.

Das obige Bild zeigt den Aufwuchs[53] der griechischen Armee in Anatolien von Anfang 1921. Auffällig ist der häufige Wechsel der griechischen Oberbefehlshaber in Anatolien, was zu mangelnder Kontinuität in der Führung führt.

Die regulären griechischen Truppen wurden unterstützt von Tausenden bewaffneter Rum[54], die wohl überwiegend in Zivil Hilfsdienste verrichtet haben, aber auch mit mehreren Tausend in Uniform in die Streitkräfte eingetreten sein sollen.

Die schon oben erwähnten Truppen des Kalifen hatten nur kurzen Bestand und an wenigen örtlichen Gefechten um İzmit teilgenommen. Sie unterschieden sich von den Truppen Mustafa Kemals durch ihre Mützenembleme.

---

[53] In der Literatur differieren z.T. die Zahlenangaben über die Truppenstärken beider Seiten deutlich. Hauptgrund ist sicherlich, dass nicht immer klar unterschieden wird zwischen der Gesamtstärke von Truppen in Anatolien und Thrakien einerseits und der regionalen Stärke in einer Schlacht andererseits. Weiterhin wird nicht immer klar unterschieden zwischen der kämpfenden Truppe vorn in der Schlacht und den Truppen zur Sicherung und für die Logistik in der Etappe. Selbstverständlich ist, wo immer gegeben, von den Angaben über die eigene Truppe auszugehen und nicht von Schätzwerten über den Gegner. Großräumige Truppenverschiebungen und Aushebungen von Rekruten können darüber hinaus zu kurzfristigen deutlichen Veränderungen führen. Der Autor hat daher im Zweifelsfall die Werte übernommen, die plausibel erscheinen. In grober Annäherung bleibt festzuhalten: Das griechisch-türkische, personell/materielle Kräfteverhältnis liegt bei ca. 3 : 1 in der Schlacht von İnönü I .zugunsten der Griechen, bei ca. 1 : 1 in der Schlacht von Dumlupınar. Der Verlauf des Krieges zeigt somit deutlich, dass die Kampfmoral einer Truppe (und Nation) bedeutender sein kann als die nackten Zahlenverhältnisse es erwarten lassen.

[54] General Papoulas sprach im Juli 1921 allein von einer Aushebung von 12.000 „Rum" in Anatolien, der Metropolit von İzmir im Juni 1922 von 35.000 allein aus dem Großraum İzmir: Absicht war auch die Aufstellung von weiteren 20.000 Rum für die „Bewaffnete Zivile Schutzorganisation Jonien" in 1922.
Starke Rekrutierungen gelangen den Griechen an der Küste des Schwarzen Meeres, dem Raum des ehemaligen byzantinischen Kaiserreiches von Trabzon/Trapezunt.

Bedeutender waren in Bezug auf ihre Kampfkraft die Rebellen unter dem Überläufer Çerkez Ethem. Sie hatten noch bis November 1920 zusammen mit Ali Fuat Paşa bei Gediz gekämpft, liefen dann zu den Griechen über – die mit Hilfe der Briten gut bezahlten –, wurden aber mit Masse am 03.01.1921 zerschlagen.

Im Bild nicht dargestellt ist die Unterstützung durch die Briten durch Information, Material, Finanzen, im Einzelfall auch durch Kampfkraft vom Mai 1919 bis September 1922. Sie haben damit ihre formal-neutrale Rolle im Rahmen der Siegermächte des Ersten Weltkrieges im bilateralen griechisch-türkischen Krieg – auch bei sonst weitgehender Zurückhaltung – de facto aufgegeben. Italien und Frankreich jedoch hatten ihre anfängliche Unterstützung schon aufgekündigt und kooperierten zunehmend mit Mustafa Kemal Paşa.

Mit dem Übergang zur Kriegführung mit allein regulären Truppen zum Jahreswechsel 1920/1921 verfügte Mustafa Kemal Paşa nur über eine geringe reguläre Truppenstärke, die auch noch auf die verschiedenen Fronten verteilt war. Die Freikorps waren zu dem Zeitpunkt nahezu vollständig[55] integriert, kämpften nun nach festen Regeln, auch wenn Griechenland und das Osmanische Reich der Haager Landkriegsordnung noch nicht beigetreten waren.[56]

---

[55] Die Kuva-yı Milliye ging somit Ende 1920 über in die Reguläre Armee, die Reste der Kuva-yı Nizamiye kämpften noch gegen die Franzosen im Süden.

[56] Humanitäres Völkerrecht aus dem Jahre 1907. Titel: Über die „Gesetze und Gebräuche des Landkriegs". Im Buch „Şu Çılgın Türkler" beschreibt Özakman anschaulich am Beispiel der Kara Fatma Gruppe die neuen Regeln des Kampfes.

Die türkische Westfront in Anatolien ab Januar 1921

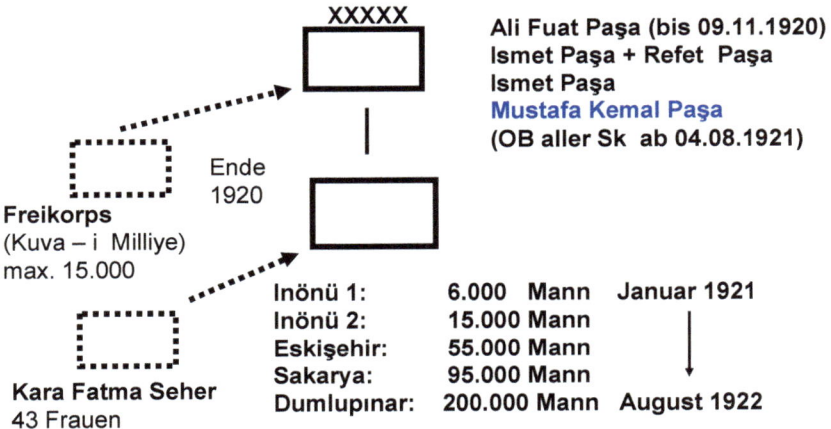

(Quelle: Autor)

Eine Besonderheit stellte eine Gruppe weiblicher Kavallerie dar unter Führung von Fatma Seher (Erden)[57]. Diese sehr erfolgreiche Gruppe hatte schon früh den Kampf in den rückwärtigen Gebieten gegen Banditen aufgenommen, quasi als Ersatz für fehlende Polizei und Jandarma.

Nicht dargestellt im Schaubild sind Truppen der Jandarma, soweit sie in Anatolien verfügbar waren, die ja auch schon in 1915 in Çanakkale sehr erfolgreich gekämpft hatten.

Im Gegensatz zu den griechischen Oberbefehlshabern fanden Wechsel in der türkischen Führung kaum statt. So wahrte İsmet (İnönü) die Kontinuität als Generalstabschef seit 02.05.1920 und als Truppenführer seit 10.11.1920 zusammen mit Mustafa Kemal Paşa, der auch vor seiner Berufung als Oberbefehlshaber durch das Parla-

---

[57] Genannt Kara Fatma – Die schwarze Fatma. Die Frauen gehörten zu einer Partisanengruppe. Sie trugen ihre Gewehre gekreuzt über der Brust.

ment am 04.08.1921 stets voll mit dem militärischen Geschehen vertraut war und auch als Politiker auf dieses einwirkte.

Kara Fatma Seher (Erden)
(Quelle: https://commons.wikimedia.org/wiki/File:Kara_Fatma.jpg)

Die türkische Armee wuchs auf ca. 200.000 Mann auf, die in der Endphase im August 1922 in zwei Armeen mit unterstellten 38 Divisionen gegliedert war. Sieben davon waren Kavalleriedivisionen, die den Griechen erhebliche Schwierigkeiten bereiten sollten. Diese blieben bis zum Schluss bei der Gliederung mit drei Korps.

Als Armee in der Verteidigung im Kampf um das Vaterland besaßen die türkischen Truppen eine höhere Kampfmoral und konnten körperliche Strapazen und materielle Mängel eher ertragen. Bei Nachschubmängeln an Schuhwerk kämpften sie auch barfuß, hungerten tagelang bei Engpässen an Verpflegung und kämpften mit dem Bajonett oder Handwaffen, wenn die Munition ausgegangen war. Diese Fähigkeiten des türkischen Infanteristen waren eigentlich der Welt spätestens seit dem Sieg von Çanakkale Ende 1915 bekannt, wurden aber von den Griechen völlig unterschätzt.

X.   Die Schlacht von İnönü I

Am 09.01.1921 trat von Bursa aus das im Norden stationierte griechische C-Korps unter Führung von General Papoulas mit ca. 18.000 Mann an. Ihm gegenüber in einem vom XX. Korps ausgebauten dreizig Kilometer breiten Stellungssystem am Fluss İnönü stand Oberst İsmet (İnönü) mit ca 6.000 Mann. Die Griechen besaßen damit, auch materiell, die klassische 3:1 Überlegenheit, die ein Angreifer im Regelfall haben sollte.

Ca. 300 Ethem Rebellen bei Kütahya unterstützten die Griechen. Sie wurden von Oberst Refet (Bele) im Nachgang am 22.01.1921 endgültig zerschlagen, der danach zum Paşa ernannt wurde.

Überraschenderweise jedoch verhielt sich das 160 km entfernte im Süden bei Uşak befindliche A-Korps mit ca. 33.000 Mann passiv. Eine plausible Erklärung für dieses Verhalten gibt es nicht. Entweder war der Angriff von der Führung nicht koordiniert oder – wie später von griechischer und britischer Seite behauptet – war er bewusst so geplant. Das C-Korps sollte angeblich nur eine Aufklärung mit Kampf[58] durchführen und sich dann planmäßig wieder auf Bursa zurück ziehen.[59] Dagegen spricht jedoch, dass ein Angreifer ein erobertes Gebiet nicht ohne Not kampflos wieder her gibt und die erzielten Aufklärungsergebnisse beim zweiten Antreten am 23.03.1921 dann schon teilweise veraltet sein werden. Zusätzlich gilt es, die Jahreszeit zu bedenken.

Fakt ist, dass Oberst İsmet den Angriff federnd aufgefangen hat, indem er sich auch auf Ratschlag des Generalstabschefs[60] Fevzi (Çakmak) Paşa auf Stellungen ostwärts der von Norden nach Süden verlaufenden Eisenbahnlinie zurück gezogen hat.

Am 11.01.1921 brachen die Griechen das Gefecht ab und kehrten ohne türkischen Druck wieder nach Bursa zurück. Immerhin hatte Papoulas Grund, für ein weiteres Vorgehen mehr Truppen zu fordern.

İnönü I muss somit als türkischer Sieg gewertet werden. İsmet

---

[58] Reconnaissance in Force.
[59] Retire – not Retreat.
[60] Büyük Erkân-ı Harbiye.

wird zum Paşa ernannt. Eine weitere Folge ist nach einem Musik-Wettbewerb am 12.03.1921 die Festlegung des İstiklal Marşı (Unabhängigkeits-Marsch) als türkische Nationalhymne.

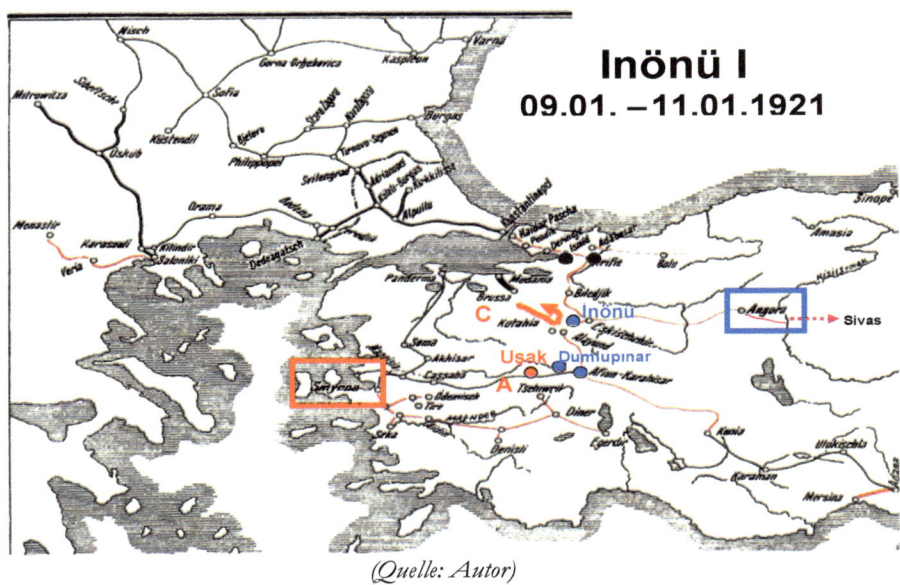

(Quelle: Autor)

Am 20.01.1921 verabschiedet das türkische Parlament nach langer Beratung die neue Verfassung[61]. Sie setzt die vorherige Verfassung von 1908 nicht außer Kraft, aktualisiert aber diese. Artikel 1 legt fest, dass die Staatsgewalt vom Volke ausgeht[62], also nicht etwa vom Sultan. Mustafa Kemal Paşa bat die Nationalversammlung, den offensichtlich inneren Widerspruch zur Realität zum jetzigen Zeitpunkt nicht weiter zu vertiefen. Die Volksvertreter werden nunmehr alle zwei Jahre gewählt und nicht bestimmt. Das Parlament umfasst zunächst noch beide Gewalten, die Legislative und Exekutive, von denen sich die Exekutive erst später lösen wird.

Da mittlerweile die Planungen von Sèvres durch die 1. Schlacht von İnönü schon überholt sind, beraten sich die Alliierten in einer

---

[61] Teşkilât-ı Esâsiye Kanunu.
[62] Hâkimiyet bilâ kayd ü şart milletindir – Die Staatsgewalt steht uneingeschränkt und bedingungslos der Nation zu.

Londoner Konferenz vom 21.02.–11.03.1921. Vertreter des Parlamentes aus Ankara werden in Anerkennung der neuen Machtverteilung im Osmanischen Reich eingeladen und vom Außenminister Bekir Sami (Kunduh) geführt. Der Großwesir Ahmed Tevfik Paşa verzichtete auf ein Rederecht. Die Konferenz bleibt letztlich ohne Ergebnisse, da die Griechen der Forderung von Mustafa Kemal Paşa nach einem vollständigen Abzug nicht nachkommen wollen. Verträge mit drei Nationen, die Bekir Sami in London eigenmächtig geschlossen hatte – was ihm eine Rüge von Mustafa Kemal Paşa einbringt –, werden nicht ratifiziert. Am 16.03.1921 erfolgt der erste Austausch von britischen Kriegsgefangenen und Internierten mit einigen türkischen Inhaftierten auf Malta, am 23.10.1921 der gesamte Austausch.

Wie o.a. verfolgen einige Griechen die Gründung eines Pontus-Staates an der Schwarzmeerküste, ungefähr zwischen dem Bosporus und Rize. Am 07.04.1919, dem Jahrestag der griechischen Unabhängigkeit, wird dies z.B. thematisiert in der Istanbuler Zeitung „Pontus". In Batum bildet sich am 18.12.1919 eine provisorische Pontus-Regierung. In Nordanatolien organisieren sich zu diesem Zweck ca. 25.000 Mann, die von den Truppen des III. Korps in Sivas und des XV. Korps in Erzurum bekämpft werden. Am 09.12.1920 wird unter Auflösung des III. Korps eine Zentralarmee unter dem Kommando von Nurettin Paşa gebildet, der die Aufstände niederschlagen konnte. Wegen seines harten Vorgehens wird er im November 1921 abberufen und soll vor Gericht gestellt werden, was Mustafa Kemal Paşa jedoch in der Großen Nationalversammlung (GNV) verhindert.

Mit Scheitern der Londoner Konferenz am 12.03.1921 beschließen die Griechen die Fortsetzung des Angriffs mit stillschweigender Billigung der Alliierten.

XI. Die Schlacht von İnönü II

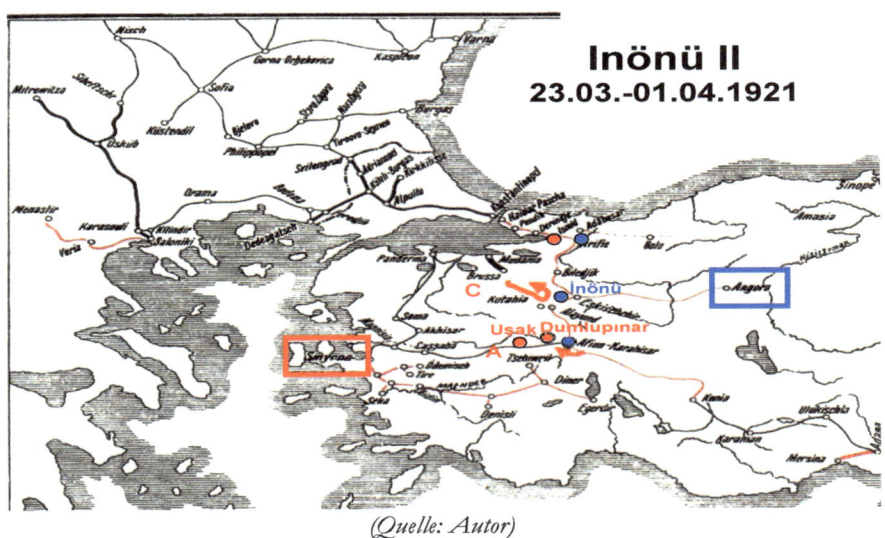

(Quelle: Autor)

Die Schlacht von İnönü II ähnelte z.T. der von İnönü I, auch wenn sie länger dauerte und die Griechen einige Geländegewinne im Süden erzielten. Auch die Truppenführer auf beiden Seiten waren dieselben: Der General Papoulas gegen İsmet Paşa und Refet Paşa. Das Stärkeverhältnis nach einem Truppenaufwuchs auf beiden Seiten war diesmal ca. 30.000[63] : 15.000, also 2 :1, aber nun zusätzlich unter Beteiligung des griechischen A-Korps.

Griechische Absicht war die Vernichtung des türkischen Heeres und das Nehmen des Eisenbahnknotenpunktes Eskişehir. Da beide Ziele nicht erreicht wurden und zudem das griechische C-Korps im Norden sich erneut zurückzog, muss das Gefecht erneut als türkischer Sieg gewertet werden.

İsmet Paşa bildete unter Inkaufnahme eines Risikos einen klaren Schwerpunkt im Norden, auch noch während des Gefechts, um erst

---

[63] Die Griechen offensichtlich deutlich unter ihrer damaligen Gesamtstärke bzw. das A-Korps hier nicht mitgezählt. Zahlen nach Wikipedia.

später den Schwerpunkt nach Süden zu verlagern. Beim Gegenangriff im Norden stellte die Kavallerie einen entscheidenden Faktor dar. Im Süden nahmen die Griechen am 24.03.1921 Dumlupınar, am 28.03. 1921 vorübergehend Afyon, wurden aber durch einen Gegenangriff von Refet Paşa am 31.03.1921 wieder westlich von Afyon zurück gedrängt.

Mit ca. 700 Toten auf jeder Seite waren die Verluste schon deutlich höher als zwei Monate zuvor. Auf türkischer Seite wurde viel Material erbeutet, u.a. 60 Maschinengewehre (MG)[64]. Die MG stellten als neues Kriegsmittel schon im Ersten Weltkrieg stets eine deutliche Kampfkraftverstärkung dar.

Die griechische Flotte war zeitgleich von İstanbul in das Schwarze Meer ausgelaufen, um z.B. Anlandungen von russischen Gütern für die Türken zu unterbinden. Ihre Schiffe bombardierten z.B. Samsun, Sinop, Ereğli, Trabzon und İnebolu, aber auch İzmit/Kocaeli an der Küste des Marmarameeres.

An der Küste des Schwarzen Meeres hatten die Türken als Gegenmaßnahme eine Beobachtungskette aufgebaut, die ihre Warnungen per Telefon weiter gab. Auch dadurch war der „Schmuggel" von Kriegsmaterial von den Depots in İstanbul über die Häfen möglich, mit anschließendem Landtransport nach Ankara.

Am 04.05.1921 erhält İsmet Paşa aufgrund seiner großen Erfolge das Kommando[65] über die gesamte Westfront, was sich auch bis zum Kriegsende nach der Kommandoübernahme von Mustafa Kemal Paşa über alle türkischen Streitkräfte am 04.08.1921 nicht mehr ändern wird. Auch jetzt als Politiker nahm Mustafa Kemal Paşa mit seinem überragenden Sachverstand Einfluss auf die militärischen Operationen und ertrug damit auch die vorübergehende Kritik Andersdenkender. Sie sollten eines Besseren belehrt werden. Auf türkischer Seite war dies ein großer Vorteil durch Kontinuität in der Führung, sowohl politisch wie auch militärisch. Fevzi Paşa wird Generalstabschef. Diese Konstellation der drei überragenden und wichtigsten Generale, mit Mustafa Kemal Paşa als Oberbefehlshaber, Fevzi Paşa als Generalstabschef sowie Kriegsminister und İsmet Paşa als Be-

---

[64] Nach Tröbst, Hans „Soldatenblut".
[65] Garp Cephesi Kumandanı.

fehlshaber der Westfront, wird zu einem weiteren Garanten der nachfolgenden Siege.

Konstantin I. übernimmt persönlich in İzmir am 29.05.1921 bis Mitte 1922 den Oberbefehl in Anatolien, erneut ein symbolischzeitlicher Akt im Hinblick auf die Eroberung Konstantinopels am 29.05.1453. Die Freiräume von General Papoulas werden dadurch weiter eingeengt; politische Interessen beeinflussen zunehmend die militärischen. Dies wird besonders deutlich bei dem Entschluss zum weiteren Vorgehen und der Festlegung des griechischen strategischen Zieles. Die Griechen stehen nunmehr auch unter Zeitdruck, da Mustafa Kemal Paşa nach politisch/militärischen Erfolgen an der Süd- und Ostfront Truppen herauslösen kann, um sie an die Westfront zu werfen.

XII. Abkommen mit Italien, Frankreich und Russland

Die Besetzungen von Italien vom März 1919 bis zum Abzug der Truppen im Juli 1921 waren in der Regel friedlich verlaufen. Statt Kampfhandlungen mit türkischen Truppen unterstützten die Italiener spätestens ab Beginn 1921 mit militärischen Informationen über die Griechen und mit Waffenverkäufen. Schon zuvor war in Italien der Kauf „nicht-militärischer" Güter möglich, wie z.B. von 80.000 Zelten. Die Lieferungen wurden zumeist über Antalya abgewickelt.

An der Südfront[66] kämpften jedoch türkische Truppen mit erheblichen Anteilen von Freikorpstruppen gegen die Franzosen, die von Armeniern verstärkt wurden[67]. Ihr Abzug erfolgte erst nach heftigen Kämpfen: So aus Maraş am 10.02.1920 und aus Urfa am 10.04.1920. Frankreich hatte auch Ayıntap von den Briten übernommen, jedoch wehrten sich die Bürger heldenhaft über 10 Monate gegen ca. 15.000 Franzosen im Zeitraum April 1920 – Februar 1921. Ca. 6.000 Tote waren zu beklagen. Die Stadt wurde dafür am 06.02.1921 mit dem Titel „Gazi Ayıntap" geehrt, 1928 mit der neuen Bezeichnung „Gaziantep".[68]

Mit dem Wechsel des französischen Ministerpräsidenten am 20.01.1920 von Clemenceau auf Millerand erfolgte auch ein Politikwechsel gegenüber dem Osmanischen Reich. Erste bilaterale Kontakte erfolgten im Mai 1920. Ende Mai wurde eine 20-tägige Waffenruhe vereinbart. Erneut musste Mustafa Kemal Paşa das Vorgehen vor dem Parlament rechtfertigen.

---

[66] Adana / Güney Cephesi.
[67] Bereits am 27.10.1916 wurde ein Abkommen zwischen Frankreich und den Armeniern geschlossen, in dem auch ein Versprechen an die Armenier auf Land im Südanatolien enthalten war. Der armenische Anteil wurde auf 1/3 geschätzt (Helmreich „From Paris to Sèvres", 1974).
[68] Die Bezeichnung „Gazi" wurde ursprünglich gebraucht für die Glaubenskämpfer an den Grenzen des Osmanischen Reiches, später seltener als Titel für heldenhafte Kämpfer, wie Gazi Mustafa Kemal Paşa. Von ihm auch z.B. als Ausdruck gebraucht gegenüber Verwundeten, die von der Front kommen. Oder auch gebraucht – wie hier – für eine Stadt.

Er erläuterte wiederum, dass es um Zeitgewinn gegangen war und im Übrigen die Möglichkeit genutzt werden sollte, durch Verhandlungen mit Frankreich die Initiative zu ergreifen und internationale Anerkennung zu erlangen.

Am 13.06.1921 kam es nach Verhandlungen mit Franklin-Bouillon zu einem bilateralen Abkommen über die Räumung der Çukorova/von Kilikien und am 20.10.1921 zu einem Geheimabkommen[69] in Ankara. Auch hier bildete der Nationalpakt die Grundlage. Das Abkommen führte später bei Bekanntwerden zu erheblicher Verstimmung bei den Briten, die sich hintergangen fühlten.

Das Abkommen beendete den Krieg in der Çukorova, wobei den Franzosen das Mandat über Syrien überlassen wurde.

Gazi Mustafa Kemal mit Franklin-Bouillon, 1921
(*Quelle: http://ambafrance-tr.org/Ankara-Anlasmasi-Fransa-Turkiye*)

---

[69] Nach ihm, einem ehemaligen Minister, auch Franklin-Bouillon Abkommen genannt. Zwischen ihm und Mustafa Kemal Paşa entwickelte sich ab 1921 eine Freundschaft, auch nach seinem Bekunden. (Nach İnönü, İsmet in „Hatıralar" S. 278 „Çok iyi Dostluk").

Ein Teil des Abkommens beinhaltete auch Überlassungen von französischem Kriegsmaterial Ende 1921: darunter 8.000 Mauser Gewehre, vier Funkstationen, 2.000 Pferde, zehn Flugzeuge[70] mit Hangars und vier Ersatzmotoren, im August 1922 noch 300 Lkw. Gerade die Flugzeuglieferungen sollten besonders wichtig werden zur Erringung der Luftüberlegenheit für die Schlussoffensive im August 1922.

Am 07.01.1922 verließen die letzten Franzosen den Raum im Süden, nach Räumung der Kohleminen den Raum am Schwarzen Meer am 21.06.1921. Somit waren Franzosen zunächst nur noch an den Wasserstraßen stationiert.

Auch an der Ostfront[71] konnte Mustafa Kemal Paşa militärisch gegen die Armenier und durch Verhandlungen mit Russland[72] bis Oktober 1921 entscheidende Erfolge erzielen, die ihm die Bewältigung der Westfront deutlich erleichtern sollten. Das Osmanische Reich war durch den Waffenstillstand von Mudros am 30.10.1918 gezwungen worden, sich hinter die Vorkriegsgrenzen von 1914 zurückzuziehen.

Die Armenier[73] strebten nach der Besetzung von Kars am 19.04. 1919 ein Großarmenien an, also unter Einschluss der Çukorova. Dies war selbst in den Verhandlungen von Sèvres nicht vorgesehen. Ardahan[74] war von georgischen Truppen besetzt worden.

Ab September 1919 ließ Mustafa Kemal Paşa Geheimverhandlun-

---

[70] 6 x Bréguet XIV B2, 3 x Spad XIII und 1 x De Havilland - 9.

[71] Noch im Ersten Weltkrieg versuchten die Russen, diesen Traum mithilfe der Armenier zu realisieren.

[72] Deutschland hatte mit Russland unter Umgehung des Versailler Vertrages eine geheime Produktionsstätte in Fili bei Moskau aufgebaut. Die Lieferungen gingen über Novorossiysk in das Osmanische Reich. Quelle: Ahmet Emin Yaman in „Kurtuluş Savaşında Anadolu Ekonomisi 1919–1922" (1998). Der Verbleib des Materials ist unklar.

[73] Nach dem Zarenreich 1917 hat Russland mehrfach den offiziellen Namen gewechselt. In dem hier betrachteten Zeitraum sprach man bis 30.12.1922 von der Russischen Sozialistischen Föderativen Sowjetrepublik (RSFSR), danach von der Sowjetunion oder der Union der Sozialistischen Sowjetrepubliken (UDSSR). In Vereinfachung wird hier der Name Russland gebraucht.

[74] Gemeint sind hier sowohl Armenier der Republik Armenien wie osmanische Armenier, die die Republik Armenien unterstützten. Eine ähnliche Konstellation wie im Ersten Weltkrieg.

gen mit Russland in Baku führen. Ab 11.05.1920 verliefen sie offen, angeführt vom Außenminister Bekir Sami auf türkischer Seite. Die Gemeinsamkeit war nicht etwa der Bolschewismus, auch wenn Mustafa Kemal Paşa 1920 als scheinbare Gegenleistung die Gründung einer kommunistischen Partei in Ankara zulässt, die er allerdings 1921 wieder auflöst. Die Ideologie des Bolschewismus lehnt er ab und betont, dass in der Türkei andere politische Voraussetzungen bestehen. Gemeinsam sei beiden Seiten die gleiche Auffassung gegen den Imperialismus, vor allem gegen Großbritannien gerichtet. Russland versprach sich vielleicht die Erfüllung eines uralten Traumes, nämlich den Zugang zum Mittelmeer[75]. Am 28.04.1920 kam Mustafa Kemal Paşa mit Lenin überein, gegen Aufgabe von Batum und Nachitschevan russische Lieferungen von Geld und Edelmetallen sowie Kriegsmaterial zu erhalten, die allerdings erst nach der Schlacht an der Sakarya eintrafen. Die Lieferungen waren umfangreich: darunter 37.000 Gewehre unterschiedlicher Typen mit Munition, 324 MG mit zusätzlichen Leerrohren, 66 Geschütze unterschiedlichen Kalibers mit Munition, 4.000 Handgranaten, 1.500 Bajonette, selbst 20.000 Gasmasken.

Das Material wurde ab 22.09.1920 in Trabzon und İneboli angelandet. Im Gegenzug wurde Russland ein Jahr später mit türkischen Lebensmitteln unterstützt zur Bekämpfung einer Hungersnot.

Deutsch-russische Lieferungen[76] Mitte 1922 von zwei Albatross C 15 und wahrscheinlich 26 Junkers JU 13 kamen für die Schlussoffensive des Befreiungskrieges wohl zu spät, denn der Transport nach Anatolien und z.B. die Ausbildung der Piloten erfordern mehrere Monate. Nun ging es um die Rückeroberung von Gebieten im Nordosten des Osmanischen Reiches von den Armeniern, die seit 28.05. 1918 im Südkaukasus eine Freie Armenische Republik gegründet und das russische Machtvakuum ausgenutzt hatten.

Nach der Besetzung von Oltu durch die Armenier am 16.6.1920

---

[75] Nach Rückeroberung wurde Ardahan am 23.02.1921 wieder türkisch.

[76] Deutschland hatte mit Russland unter Umgehung des Versailler Vertrages eine geheime Produktionsstätte in Fili bei Moskau aufgebaut. Die Lieferungen gingen über Novorossiysk in das Osmanische Reich. Quelle: Ahmet Emin Yaman in „Kurtuluş Savaşinda Anadolu Ekonomisi 1919–1922" (1998). Der Verbleib des Materials ist unklar.

wurde Kâzım Karbekir Paşa[77], seit 09.06.1920 Befehlshaber der Ostfront, mit der Rückeroberung beauftragt. Er marschierte mit dem XV Korps nach Armenien ein und fügte im Zeitraum 24.09.–18.11.1920, dem Tag des Waffenstillstandes, den Armeniern empfindliche Niederlagen bei. Sivas, Erzurum, Sarıkamış, Kars, Ardahan, Artvin, Batum und Gümrü wurden zurück erobert. Die Armenier konnten jedoch ihre Hauptstadt Erivan verteidigen.

Nach Friedensverhandlungen im Zeitraum 26.11.–02.12.1920 kam es zum Vertrag von Gümrü[78], der von Armenien abgeschlossen, aber nicht mehr ratifiziert werden konnte, denn nach Einmarsch der Roten Armee aus Aserbaidschan wurde Armenien am 06.12.1920 eine Sowjetrepublik. In dem Vertrag wurde die osmanische Ostgrenze wiederhergestellt. Im Artikel 10 hatte Armenien auf die Zusicherungen von Sèvres verzichtet.

Es folgte das bilaterale Abkommen mit Russland am 16.03.1921. In ihm wurde die Räumung von Batum vereinbart.

Nach erfolgreichen Verhandlungen zwischen dem Botschafter Ali Fuat (Cebesoy) Paşa und dem russischen Außenminister Tschitscherin wurden die russischen Hilfslieferungen fortgesetzt. Das Folgeabkommen von Kars am 13.10.1921 und das o.a. vom 06.12.1920 ersetzten das Gümrü-Abkommen. Nun wurde auch die Rückgabe der Gebiete von den russischen Republiken Georgien, Aserbaidschan mit Nachitschevan und Armenien anerkannt. De facto wurde das Abkommen am 30.12.1922 ein Vertrag mit Russland/der Sowjetunion. Es war der erste internationale Vertrag, der die Regierung in Ankara anerkannte.[79] Batum wurde Georgien zugerechnet.

Nun endlich hatte Kemal innen- und außenpolitisch sowie militärisch weitgehend den Rücken frei, um sich der griechischen Invasion zu widmen und freiwerdende Truppen an die Westfront[80] zu werfen.

---

[77] Er wurde am 31.10.1920 zum höchsten Generalsrang Ferik befördert.

[78] Auch Alexandropol oder Leninakan genannt.

[79] Zuvor konnte Armenien nicht mehr ratifizieren, während die drei Sowjetrepubliken keine selbständigen Staaten waren. Somit war Russland das erste Land, welches die neue Regierung in Ankara in einem gültigen völkerrechtlichen Vertrag förmlich anerkannte.

[80] Garp Batı Cephesi.

XIII. Über Kütahya zur Sakarya

(Quelle: Autor)

Der Kartenausschnitt zeigt plakativ die weitere militärische Entwicklung im Juli 1921. Im nunmehr 3. Anlauf gegen reguläre türkische Truppen greifen die Griechen auf einer Breite von 170 km am 10.07.1921 weiter an, augenscheinlich mit dem Ziel Ankara. Aber Diskussionen auf griechischer Seite zeigen, dass man hierüber keine klare Übereinstimmung hatte. Zunächst einmal geht es um weitere Geländegewinne, besonders um den Eisenbahnknotenpunkt Eskişehir, dann um die Einkreisung und Vernichtung des Gegners. Wie sich später herausstellt, bleibt Eskişehir nur ein Zwischenziel.

Die Widersacher auf beiden Seiten sind dieselben wie in der Schlacht zuvor: General Papoulas gegen General İsmet Paşa. Allerdings haben sich die Truppenstärken auf beiden Seiten erneut erhöht: Mit 110.000 : 55.000 bleibt eine griechische personelle und auch materielle Überlegenheit von 2 : 1. Bei der Artillerie ist das Verhältnis 318 : 160 Geschützen zu Ungunsten der Türken, bei den MG 908 : 711. Das Gelände auf türkischer Seite mit Höhen bis über 1.500 m begünstigt die türkische Verteidigung. Die länger werdenden griechischen Versorgungswege sind überaus geeignete Ziele für die türkische Kavallerie, die schon vier Divisionen aufbieten kann. Die Kavallerie dient zusätzlich auch dem Einsammeln von eigenen Fahnenflüchtigen. Die türkische Armee wurde mittlerweile in Divisionsgruppen umgegliedert. İsmet Paşa hat sein HQ in Eskişehir. Dort suchen ihn auch Mustafa Kemal Paşa und Fevzi Paşa vor dem Angriff auf, um die Front zu inspizieren.

General Papoulas beginnt mit einem Scheinangriff bei Eskişehir[81], legt jedoch den eigentlichen Schwerpunkt vor Afyon. Diese Stadt fällt am 10.07.1921, Eskişehir am 20.07.1921. König Konstantin zieht in die Stadt ein. Die Türken verlegen wichtige Einrichtungen zur Instandsetzung von Flugzeugen, Waffen und Eisenbahnen nach Ankara. Am 21.07.1921 fällt Kütahya, wobei die Griechen ca. 5.000 türkische Kriegsgefangene machen und 2.000 Kamele erbeuten. Eine wichtige Beute, denn die Kamele verdoppeln bei der Geländebeschaffenheit, Trockenheit und den sommerlichen Temperaturen die Marschleistung gegenüber Pferden mit Infanterie.

Um Zeit zu gewinnen, führt İsmet Paşa am 21.07.1921 einen Gegenangriff mit neun Divisionen auf Eskişehir, plant zugleich die Rück- verlegung[82] seiner Truppen und deckt diese durch eine neu formierte Kavalleriegruppe, die später noch zu einem Kavalleriekorps aufwachsen wird. Bei Sivrihisar, wo in der Nähe Nasreddin Hoca[83] geboren sein soll, wird eine neue Verteidigung vorbereitet. Auf der Linie Eskişehir–Afyon stoppen die Griechen am 22.07.1921 ihren Angriff und feiern einen Sieg. Die Türken beziehen zwei Tage später die Stellungen bei Sivrihisar. Eine Umzingelung und Vernichtung wurde vermieden, somit die griechische Absicht unterlaufen

Die Zahl der Gefallenen beträgt bis dahin ca. 1.500 auf jeder Sei-

---

[81] Größere Städte wurden umgangen, um sich nicht blutige Straßenkämpfe zu liefern.

[82] Am 17.07.1921 stimmt Mustafa Kemal Paşa İsmet Paşa im HQ in Karacahisar zu, ggf. die Front zurück zu nehmen. Der Kritik des Parlamentes will Mustafa Kemal Paşa begegnen, was später auch beides geschieht.

[83] Ein türkischer Volksweiser und Schelm, der wahrscheinlich im 13. Jhdt. im Osmanischen Reich gewirkt hat und auch unter anderen Namen in den Nachbarländern berühmt wurde. Die humoristischen Geschichten über ihn, oft mit einem Schuss Satire, begeistern noch heute. Dabei immer als Symbolfigur sein leidgeprüfter Esel. Das Mausoleum von Nasreddin Hoca steht in Akşehir.

te. Die Türken verzeichnen angeblich ca. 30.000 Deserteure. Das Verteidigungssystem am Ostufer der Sakarya wird vorbereitet.

Die nächsten Tage benötigen die Griechen zur internen Wiederauffrischung und Beratung. Bei einem Lagevortrag am 26.07.1921 in Kütahya im Beisein des Königs und des Premierministers Protopapadakis ist General Papoulas ebenso wie sein G3[84] schwankend, ob weiter angegriffen werden soll. Vor allem der G4 – Oberstleutnant Spiridonos sei hier lobend erwähnt – hat starke Bedenken wegen der dann noch längeren störanfälligen Versorgungswege über das Mittelmeer und Marmarameer, die Eisenbahn und über Land. Eroberte Eisenbahnlinien würden erst einmal nicht nutzbar sein. Bestimmt haben sich auch einige Offiziere erinnert an die Katastrophe von Napoleon 1812 in Russland, wo seine Armee durch Hunger und Kälte vor Moskau zugrunde ging. Auch damals war die Ernährung einer großen Armee allein aus Gütern in Russland nicht möglich; die Versorgungswege waren zu lang.

Auch war man sich im Klaren, dass die Kommunikation über Draht oder Funk störanfälliger werden würde. Beide Seiten verfügten zwar schon über wenige weitreichende, schwer bewegliche Funkentelegrafie-Stationen, aber diese konnten der Truppe in der Bewegung nicht schnell genug folgen. Diese Lücke konnte auch das noch verfügbare Telegrafennetz nicht schließen. So beruhte die Kommunikation auf der mittleren und unteren Führungsebene immer noch auf persönlicher Kontaktaufnahme, oder sie erfolgte über Meldereiter.

Der fatale Entschluss zur Fortsetzung des Angriffs fiel letztendlich durch König Konstantin am 28.07.1921, der sich über militärische Bedenken hinwegsetzte und die allgemeine Mobilmachung anordnet. Versorgungsgüter für zwei Tage sollten von der Truppe mitgeführt werden. Die Ablauflinie wurde auf ca. 30 km ostwärts Eskişehir festgelegt, was bis zur Sakarya immer noch ca. 130 km ausmachte. Deutlich zu weit, da man nicht einschätzen konnte, was auf dem langen

---

[84] Die Bezeichnung für die militärischen Abteilungsleiter mit G = Generalstabsoffizier geht auf Napoleon zurück und wird heute in allen NATO Landstreitkräften gebraucht. Der G3 ist im Krieg zuständig für die Operationsführung, der G1 für Personal, der G2 für die Feindlage, der G4 für Logistik usw. Führt das HQ auch vereinigte Luft- und Seestreitkräfte, wird statt „G" die Bezeichnung „J = Joint", also „vereinigt", gebraucht.

Anmarschweg noch alles passieren konnte. Vor den griechischen Truppen lag schwieriges Gelände, im Süden sogar wüstenartig und damit extrem schwierig.[85] Pferde drohten dort zu verdursten, Menschen an Malaria zu erkranken. Das Gelände war z.T. felsig und für Fahrzeuge nur sehr mühsam zu befahren. Schließlich dauerte der Anmarsch dann auch eine Woche.

Nach wie vor war jedoch das Ziel unklar: Ankara oder gar der Fluss Kızılırmak/ Halys ostwärts davon. Die griechischen Politiker glaubten, den Fluss in 20–40 Tagen zu erreichen.

Am 02.08.1921 beginnt eine entscheidende Geheimsitzung im türkischen Parlament, in der am 04.08.1921 Mustafa Kemal Paşa im Alter von 40 Jahren durch Gesetz zum Oberbefehlshaber[86] bestimmt wird, auf eigenen Antrag hin zunächst nur für drei Monate. Jedoch wird seine Bestellung bis zum Kriegsende drei Mal verlängert, am 20.07.1922 dann ohne zeitliche Begrenzung. In der anschließenden öffentlichen Sitzung des Parlamentes werden vorherige Bedenken bewusst verschwiegen, die Ernennung einstimmig beschlossen. Mustafa Kemal Paşa bleibt weiterhin Ministerpräsident bis zur Ausrufung der Republik 1923, was ihm die von ihm geforderte – aber z.T. im Parlament umstrittene – Machtfülle verleiht. Refet Paşa wird zum Minister für Nationale Verteidigung ernannt und Fevzi Paşa zum Generalstabschef[87]. Er übernimmt damit das Amt von İsmet Paşa. Dieser bleibt Befehlshaber der Westfront und soll sich nun ganz diesem Kommando widmen.

Als erste und wichtigste Maßnahme proklamiert Mustafa Kemal Paşa den „Totalen Krieg"[88], d.h. die Aktivierung aller zivilen und militärischen Mittel sowie der gesamten Bevölkerung zur Überwindung

---

[85] Sakarya Ovaları – Die Sakarya Ebenen.

[86] Türk Ordusu Başkomutan – OB der türkischen Armee, also auch Marine und Luftwaffe einschließend.

[87] Erkân-ı Harbiye-i Umumiye Reis Vekili. Wörtlich: Minister des Generalstabes. Das zweithöchste militärische Amt nach dem OB Mustafa Kemal Paşa, somit ist Fevzi Paşa auch gegenüber İsmet Paşa weisungsbefugt. Wichtige operative Entschlüsse fallen jedoch stets in enger Konsultation zwischen diesen drei Generälen.

[88] „Topyekün Savaşı".

der Krise. Dies führt zum Erlass von zehn Kriegsauflagen-Paketen[89], die die Bevölkerung zu erheblichen Dienst- und Sachleistungen verpflichten: Aushändigung von Waffen und Munition, Einkleidung und Verpflegung der Soldaten, Gestellung von Transportmitteln incl. Reittieren, Durchführung von Transporten bis zu 100 km, Überstellung benötigter Handwerker für die Armee, Einsammlung herrenlosen Gutes usw. Der Krieg war eben nicht mehr nur die Sache der Soldaten, etwa nur eines Teiles der Bevölkerung. Die sog. „Unabhängigkeits-Gerichte" (İstiklal Mahkemesi) sorgen bei Weigerung von Bürgern für rasche Aburteilung ohne Berufungsmöglichkeit. Sie verhandeln auch eingefangene Desertierte.

Insgesamt somit ein gewaltiger Kraftakt der türkischen Nation, der wohl die wichtigste Grundlage bildete für den späteren Sieg.

Wichtiges Kriegsmaterial, das eigentlich türkisches Eigentum war, musste mit List und Tücke aus den Depots geschmuggelt werden, die vor allem in İstanbul lagen und von den Alliierten bewacht wurden. So gelang es u.a., kurz vor und während der Sakarya-Schlacht 100.000 Gewehrpatronen den Truppen in Anatolien zuzuführen, ebenso zahlreiche Funkgeräte.

Eine weitere Meisterleistung beschreibt Turgut Özakman in seinem Buch „Şu çılgın Türkler". Es gelang, ca. 2.000 Artilleriegranaten, 75% des Kalibers 77 mm und 25% des gewünschten Kalibers 75 mm, aus einem von Franzosen bewachten Depot in Ataköy/Bakırköy/İstanbul zu entwenden und nach Ankara zu transportieren. Das Problem bestand jedoch darin, dass die meisten türkischen Geschütze nur das Kaliber 75 mm verschießen konnten. Da hatte ein türkischer Maschinenbau-Ingenieur eine grandiose, aber gefährliche Idee: Die Granaten auf gesondert angefertigten Drehbänken ohne Entfernung des Pulvers auf das Kaliber 75 mm abzudrehen. Die ganze Aktion stand nämlich unter großem Zeitdruck. Erneut ein Beweis der sprichwörtlichen türkischen Improvisationsfähigkeit.

In dem „Totalen Krieg" werden die Frauen enorme Leistungen erbringen, in der Herstellung und dem Transport von Nahrungsmitteln und kriegswichtigen Gütern. Die Ochsenkarren, von Wasserbüf-

---

[89] Tekâlif – 1 Milliye Emirleri – Befehle über die Requisition vom 08.08.1921. Die vom Parlament erteilten Vollmachten im Gesetz vom 05.08.1921 festgelegt.

feln gezogen, werden vorwiegend nachts in Etappen von ca. 20 km mit Kolonnen von bis zu 130 Wagen und 260 Büffeln die Transporte an die Front übernehmen, begleitet von nur wenigen männlichen Personen. Immerhin kann so ein Karren acht Artilleriegranaten aufnehmen. Die Frauen werden somit zum Hauptträger der türkischen Logistik, weil die Männer vorn gebraucht werden.

An dieser Stelle sei der wohl berühmtesten türkischen Frau der damaligen Zeit gedacht: Halide Edip (Adıvar). Sie war eine Leit- und Symbolfigur der modernen türkischen Frauenbewegung und bedeutende Intellektuelle. Sie, Mutter von zwei Kindern aus erster Ehe, wurde bekannt als Journalistin, Schriftstellerin, Professorin, mutige Rednerin in der Öffentlichkeit, Politikerin, Krankenschwester im Lazarett, Mitarbeiterin des Kızılay/Roter (Halb-) Mond, Spendeneintreiberin, Übersetzerin[90] und Soldatin im Stabe von İsmet Paşa.

Man nannte sie immer „Halide Onbaşı", was einem höheren Mannschaftsdienstgrad ensprach, obwohl sie im September 1922 in İzmir von Marschall Fevzi Çakmak Paşa noch zum „Baş Çavuş" befördert wurde, dem höchsten Feldwebeldienstgrad. U. a beschreibt sie in ihren Büchern ihre lebensgefähliche Flucht mit ihrem zweiten Mann Dr. Adnan Adıvar von İstanbul nach Ankara. Dort bekleidete er von 1920–1923 das Amt des Gesundheits- und Innenministers sowie das des stellvertretenden Parlamentspräsidenten.

Mustafa Kemal Paşa verlegt am 12.08.1921 an die Front mit Generalstabschef Fevzi (Çakmak) Paşa in ein gemeinsames HQ, zunächst nach Polatlı, verschafft sich einen aktuellen Überblick über den Zustand der Truppe, ermuntert diese und gibt Anweisungen zur Verbesserung der Verteidigung. Dabei stürzt er vom scheuenden Pferd, bricht sich eine Rippe, kehrt aber nur kurz nach Ankara zur Behandlung zurück.

Am 14.08.1921 ordnet Mustafa Kemal Paşa die Evakuierung von Sivrihisar und die Rückverlegung der Truppen hinter die Sakarya an sowie die Vorbereitung von Kayseri als Ausweichsitz des Parlamentes. Erneut wird er im Parlament kritisiert, weil man nun eine akute Gefährdung der Hauptstadt sieht, aber den strategischen Nutzen unterschätzt, nämlich: Zeit gewinnen unter Preisgabe von Raum bei

---

[90] Sie beherrschte neben Türkisch Englisch, Französisch, Griechisch und Arabisch.

gleichzeitiger Überdehnung der griechischen Versorgungswege und Verkürzung der eigenen auf die sogenannte „Innere Linie".

Halide Edip Adıvar
(Quelle: http://upload.wikimedia.org/wikipedia/commons/3/3d/Halide_edip_adivar-b3.jpg)

Zeitgleich am 14.08.1921 treten die Griechen an. Ihr Zwischenziel, die Sakarya, ist 800 km lang, beschreibt einen großen Bogen nach Osten und mündet ins Schwarze Meer. In dem Bereich des geplanten Überganges im Zuge der Eisenbahnlinie sowie des Flusses Porsuk und südlich davon ist die Sakarya ca. fünf Meter tief und hat steile Ufer, die selbst mit Kavallerie schwer zu überwinden sind. Für den Übergang von Fahrzeugen und schwerem Gerät stehen nur ganz wenige Brücken zur Verfügung, so dass an Behelfsbrückenbau gedacht werden muss. Auf dem Ostufer liegt die Ruinenstätte Gordion[91] auf

---

[91] Benannt nach dem phrygischen König Gordios. Der Legende nach soll dort Alexander der Große den Gordischen Knoten auf schlaue Weise gelöst oder zer-

740 m Höhe. Die Stadt Polatlı war während der Sakarya Schlacht heiß umkämpft, ist aber nicht gefallen.

Die Griechen marschieren unter Führung von General Papoulas mit drei Korps nebeneinander: C-Korps im Norden unter General Polymenakos, A-Korps in der Mitte unter General Kondulis und B-Korps im Süden. Dieses wird kommandiert vom Prinzen Andreas, der zum Ende der Sakarya Schlacht den Abzug der griechischen Truppen durch Nichtausführung von Befehlen noch gefährden sollte.

Während des Marsches durch die Salzwüste hat jedoch sein Korps am meisten zu leiden, speziell unter Hitze am Tag, Kälte in der Nacht[92], großem Mangel an Wasser und Verpflegung sowie verschiedenen Krankheiten. Überfälle der türkischen Kavallerie, wie auf den griechischen Versorgungspunkt in Emirdağ nordostwärts von Afyon, reduzieren die griechischen Mengenverbrauchsgüter (MVG) und binden weitere griechische Sicherungskräfte entlang der Versorgungswege.

Den griechischen Truppen voraus eilen Flüchtlingskolonnen nach Osten. Die griechische Truppenstärke beträgt an der Sakarya am 21.08.1921 ca. 122.000 Mann mit 386 Geschützen und 18 Flugzeugen. Ismet Paşa kann auf dem Ostufer der Sakarya ca. 95.000 Mann[93] mit 196 Geschützen, deutlich weniger MG und vier Flugzeugen entgegen stellen. Bei Berücksichtigung der materiellen Überlegenheit[94] ein Stärkeverhältnis von immer noch über 1 : 1 zugunsten der Griechen. General Papoulas hat die türkische Stärke unterschätzt, auch die Zahl der Geschütze, was bei guter Aufklärung aus der Luft nicht hätte passieren dürfen. Der türkischen Unterlegenheit musste also durch

---

schlagen haben, einen Knoten an der Deichsel vom Streitwagen. Das Gelingen sollte dem Betreffenden die „Beherrschung Asiens" zusichern. In der Tat besiegte Alexander in 333 v. Chr. die Perser bei Issos und errang weitere große Eroberungen.

[92] Die Soldaten nutzen die Proviantsäcke zum Kälteschutz. Diese fehlen dann in der Versorgungskette.

[93] Durch rasche Rekrutierungen, Zuführungen von Verstärkungen von der Südfront und Wiedereingliederung von Desertierten gelingt in nur ca. drei Wochen ein erheblicher personeller Aufwuchs. Von den genannten Zahlen sind auf beiden Seiten allerdings nur 60% „Kämpfer" vorn; ca. 3.000 sind in Ankara stationiert.

[94]Auf türkischer Seite steht dagegen eine enorme Typenvielfalt an Geschützen, Gewehren und MG.

eine höhere taktische und operative Flexibilität und Beweglichkeit in „Verteidigungsflächen"[95] begegnet werden, was Mustafa Kemal Paşa seinen Truppenführern persönlich erklärte. Dies war ihnen, die bisher gewohnt waren, Stellungen um jeden Preis zu halten, wenig vertraut.

(Quelle: http://en.wikipedia.org/wiki/Battle_of Sakarya)

İsmet Paşa plant die Verteidigung mit drei Stellungssystemen hintereinander unter Anlehnung an die Flüsse mit ca. 50 km Breite entlang der Sakarya und – nach Osten abknickend – mit ca. 50 km Breite entlang der Ilıca, auch Gök-Fluss genannt. Er schlägt sein HQ zunächst in Polatlı auf mit einem mobilen Ausweich-HQ auf der Eisenbahn. Eine sehr gute Ausnutzung des Mittels Eisenbahn.

---

[95] Letztlich sei das gesamte Vaterland die Verteidigungsfläche. („Hatt-ı müdafaa yoktur, Saht-ı müdafaa vardır. O satıh bütün Vatandır") Es sei ein Krieg nicht nur zwischenTruppen, sondern Nationen unter Aufbietung aller Ressourcen (Totaler Krieg).

XIV. Vorentscheidung an der Sakarya

(Quelle: Autor)

Der griechische Kriegsminister Teotokis hatte am 23.08.1921, dem Tag des Angriffs, dem britischen Militärattaché Nairne ausrichten lassen, dass er mit ihm am 05.09.1921 in Ankara einen türkischen Tee trinken wolle. Das erinnert an eine ähnliche Hybris, wie sie die Briten vor der Schlacht von Gelibolu bzgl. İstanbul zeigten. Ein großer Fehler ist eben, den Gegner zu unterschätzen.

Absicht von General Papoulas war, mit dem A-Korps die türkische Front zu spalten, mit dem B-Korps eine Einschließung vorzubereiten durch eine großräumige süd-ostwärtige Umgehung in Richtung Haymana und Ankara, hier der Schwerpunkt, im Nordwesten jedoch mit Teilen des C-Korps nur zu binden. Hauptschwierigkeiten für ihn waren dabei die Überwindung der Ilıca/des Gök-Flusses und das Nehmen der Höhen mit steilen Hängen, auf denen sich die Türken verschanzt hatten. Die Gipfel erreichten Höhen von deutlich über 1.000 m, der Mangal Dağı (Berg) z.B. eine Höhe von 1.414 m. Ankara war immer noch über 50 km weit entfernt.

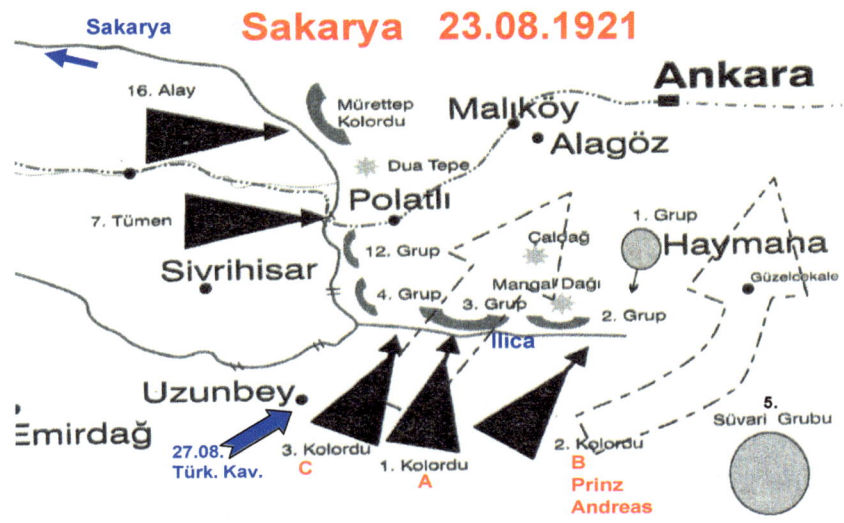

(Quelle: Autor)

Auf türkischer Seite war in weiser Voraussicht gegen die Flanken-bedrohung links gegenüber dem B-Korps die Kavalleriegruppe (Süva-ri Grubu) positioniert worden, die ihren Schwerpunkt rasch verlegen konnte. Außerdem wurden türkische operative Reserven bei Hayma-na und nordwestlich Ankara bereit gehalten, um die Front entweder an kritischen Stellen zu verstärken oder Gegenangriffe zur Entlastung durchzuführen. Bei einer kritischen Lage in Polatlı war das Beziehen eines Ausweichgefechtsstandes südostwärts von Alagöz vorgesehen.

Feindkontakt erfolgte am 23.08.1921 südlich des Ilıca Flusses. Die noch vom langen Anmarsch ausgelaugten Griechen können ihre ma-terielle Überlegenheit zunächst noch ausspielen, erzielen lokale Ein-brüche, die aber von den Türken bereinigt werden können oder vor denen sie in die Tiefe ausweichen: Eben die neue Form der „Elasti-schen Verteidigung".

Die Höhen wie der Çal Dağ und des Mangal Dağı sind hart um-kämpft, wechseln z.T. mehrfach den Besitzer. Die beiden Höhen stellen aus türkischer Sicht das Schlüsselgelände dar, was aber nicht unbedingt bedeutet, dass ihr Verlust schon die endgültige Niederlage nach sich zöge. Wegen baldigen Mangels an Munition auf beiden Seiten kommt es sehr bald zu blutigen Nahkämpfen mit dem Bajonett.

Am 26.08.1921 wird die Lage aus türkischer Sicht so kritisch, dass Mustafa Kemal Paşa nun die Verlegung des Parlaments mit der Regierung nach Kayseri anordnet, was aber schon nach wenigen Tagen widerrufen werden konnte. Militärisch wird das Beziehen der 2. Verteidigungslinie auf der Höhe Malıköy–Haymana in Erwägung gezogen.

Zeitgleich operiert türkische Kavallerie erfolgreich weiter westlich gegen die griechischen Versorgungslinien und attackiert u.a. am 27.08.1921 mit Artillerieunterstützung einen großen griechischen Versorgungspunkt bei Uzunbey. Als die Türken feststellen, dass dieser auch mit dem schwach gesicherten griechischen HQ von General Papoulas kolloziert ist und weiter angreifen wollen, werden sie per Funk zurück beordert wegen einer Krise auf dem linken türkischen Flügel, der ca. 130 km entfernt ist. Papoulas entgeht so knapp einer Gefangennahme. Ein Beispiel dafür, dass das moderne Mittel Funk einen taktischen Triumph verhindert, andererseits aber möglicherweise auch eine operative Niederlage, weil die Kavallerie in drei Tagen vor Ort sein wird.

Noch viel weiter im Westen, z.B. im Raum Afyon, operieren berittene türkische Akıncı Gruppen[96] in Stärken von jeweils ca. 20–30 Mann unter Führung junger Offiziere. Auch sie machen der griechischen Versorgung schwer zu schaffen und binden griechische Kräfte entlang der Versorgungslinien.

Am 02.09.1921 nimmt das A-Korps noch den Çaldağ, die Türken weichen flexibel aus. Trotz dieses taktischen Erfolges ist die operative Lage aus griechischer Sicht untragbar.

Die Versorgung der Griechen mit Mengenverbrauchsgütern (MVG) wird so kritisch, dass sie am 02.09.1921 die Angriffe einstellen

---

[96] Sie haben eine lange Tradition im Osmanischen Reich. Früher i.A. unbesoldete irreguläre Reiterei, die vom Raub lebte, der regulären Truppe tollkühn und unter hohem Risiko voraus schwärmte und beim Gegner Angst und Schrecken verbreitete. Akın = Überfall, Streifzug. Hier allerdings sind die Führer unter straffer Führung der Armee, sogenannte „Serdengeçti" (ser = Führer), die unter hohem Risiko in den rückwärtigen Gebieten des Gegners operieren.

und ostwärts der Sakarya zur Verteidigung übergehen. Das Gefecht flaut danach ab.

Schon am 04.09.1921 schlägt Papoulas dem Kriegsminister vor, dass die Truppe wieder hinter die Sakarya zurück gehen soll. Außerdem hat er Disziplinschwierigkeiten mit dem KG am rechten Flügel, General Prinz Andreas, der andere Vorstellungen zur Operationsführung hat. Allerdings wird er erst am 01.10.1921 durch General Trikoupis ersetzt, Wochen nach der Niederlage in der Schlacht.

Am 05.09.1921 schildert man auch dem König die schwierige Lage. Am 07.09. wechseln die ersten griechischen Truppen auf das Westufer der Sakarya, am Folgetag kommt auch die politische Zustimmung aus Athen. Man glaubt aber immer noch, die Stellung auf dem Westufer halten zu können.

Auf Weisung des türkischen OB beginnt am 10.09.1921 der türkische Gegenangriff im Norden beiderseits der Eisenbahnlinie. Ein Teilerfolg ist das Nehmen des Dua Tepe. Im Süden gelingt es der Kavallerie, den Mangal Dağı zurück zu erobern.

General Papoulas ordnet am 11.09.1921 die Rückverlegung auf das Westufer der Sakarya für die Nacht vom 12.09. auf 13.09.1921 an. König Konstantin bricht endgültig am 14.09.1921 den Angriff ab.

Er und General Papoulas geben folgende Begründung: Die eigenen Stellungen seien zu exponiert, der einsetzende Winter erschwere die Operationen durch Regen und Schlamm, Mangel an Holz, vor allem aber Mangel an MVG. Zudem würde der Gegner weitere Verstärkungen einführen.

Der französische Militärexperte Bujac[97] stimmt mit dieser Bewertung nur z.T. überein. Er nennt zwar auch die Logistik an erster Stelle, ergänzt dann aber das Argument der Unterschätzung des Gegners – wie o.a. – und das der schlechten griechischen Führungsleistung.

Ergänzt werden muss aus Sicht des Autors: Das für den Verteidiger günstig ausgewählte Gelände, sein kurzer zeitlicher Vorlauf zur Verstärkung dieses Geländes, die kürzeren türkischen Versorgungswege (also der Vorteil der „Inneren Linie"), der Einsatz bereit gehaltener taktisch/operativer Reserven, die Menge und Effektivität der

---

[97] Colonel Bujac « Les Campagnes de l'Armée Hellénique 1918–1922 « (1929).

Kavallerie in dieser besonderen Lage – auch nach Erfindung des Maschinengewehrs –, vor allem aber die überlegene türkische Kampfmoral. Für den Verteidiger war das Ziel klar: Schutz der Heimat, speziell von Ankara. Seine Motivation resultierte auch zusätzlich – wie noch im Ersten Weltkrieg – aus seiner Religion und seinem Vertrauen in General Mustafa Kemal Paşa. Dies schloss nicht aus, dass auch so mancher türkische Soldat aus Sorge um sein Zuhause desertiert ist.[98]

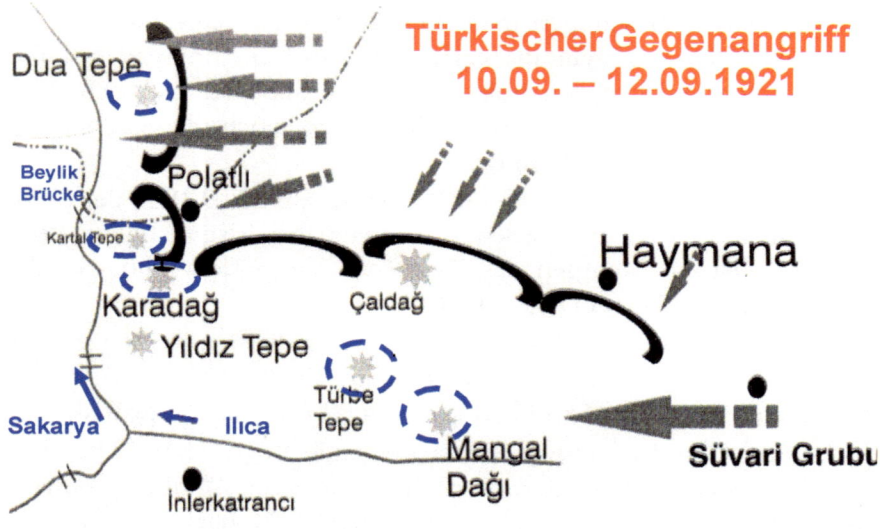

(Quelle: Autor)

Der erschöpfte Angreifer jedoch wusste ebenso wenig wie seine Führer, was denn das endgültige Ziel sei und wann er „wieder zuhause sein könne." Schließlich war die Schlacht äußerst demoralisierend und verlustreich, auch wenn die Verlustzahlen auf beiden Seiten nicht genau bekannt sind. Sicher ist, dass auf türkischer Seite allein ca. 75% der Offiziere gefallen ist, weswegen der Krieg auch auf türkischer Seite als „Offizierkrieg" (türkisch „Subaylar Savaşı" bzw. "Subay Muharebesi") bezeichnet wird. Nach Vikipedi hatten die Türken nach

---

[98] In den türkischen Statistiken sind die „Vermissten" bzw. „Verschollenen" von ca. 14.000 verborgen, türkisch „kayıp".

Angaben des türkischen Generalstabes ca. 5.700 Tote von ca. 39.300 Verlusten zu beklagen, die Griechen ca. 3.700[99] von ca. 22.900. Die Quote der griechischen Verluste allein rechtfertigte damit noch nicht den Abbruch der Operation, die Richtigkeit der o.a. Anfangsstärken vorausgesetzt.

General Papoulas befiehlt dann doch am 15.09.1921, also nach 22 Tagen Kampf, mit politischer Duldung die Rückverlegung mit allem Material auf die Höhe Eskişehir-Afyon. Er selbst ist am 20.09.1921 wieder in Eskişehir. Die Rückverlegung der Truppen ist am 27.09. 1921 abgeschlossen, nun mit einer erneut überdehnten Frontbreite von ca. 700 km. Gefechte finden noch statt bis 08.10.1921, danach noch kleinere Scharmützel. Leider wird beim Rückzug das „Prinzip der verbrannten Erde" praktiziert, begleitet von großen Verlusten in der Bevölkerung[100], um dem nachrückenden Gegner sein Fortkommen zu erschweren.

Die Türken beziehen Stellung ostwärts Afyon und besetzen den 1.900 m hohen, die Gegend beherrschenden Kocatepe. Der Berg sollte noch zu Ruhm gelangen. Die Frauen leisten einen erheblichen Beitrag bei der Instandsetzung der zerstörten Eisenbahngleise.

Die Schlacht an der Sakarya ist somit die Wende und Vorentscheidung in diesem Krieg. Die abschließende Schlacht ein Jahr später wird zwar die entscheidende, wird aber eigentlich nur noch der erwartete i-Punkt des Krieges.

Mustafa Kemal Paşa wird am 19.09.1921 zum Marschall und Gazi ernannt, trägt damit seit seinem Ausscheiden aus der Armee wieder einen Dienstgrad eines aktiven Soldaten. Auch andere verdiente türkische Soldaten werden befördert. Nach der Schlacht widmet sich der Gazi wieder der Politik, dann aber auch der Vorbereitung der Schlussoffensive. Dem ungeduldigen Parlament muss er am 04.03.1922 wiederum erläutern, dass dies nicht im Handumdrehen zu

---

[99] Eine US-Quelle an anderer Stelle in Wikipedia beziffert die Zahl der griechischen Gefallenen auf 30.000. Hier wurde sicherlich die Zahl der Toten mit der der Verluste verwechselt, vermutlich bei der Übersetzung ins Deutsche. Bei der dort angegebenen griechischen Antrittsstärke von nur 89.000 läge die Zahl der Toten bei ca. 30%, was viel gravierender gewesen wäre. Weitere Abweichungen in Wikipedia könnten auch beruhen auf unterschiedlichen Betrachtungszeiträumen.
[100] Ca. 1 Million Türken verloren Haus und Hof.

machen ist, sondern Zeit braucht. Schließlich will er keinen Teilerfolg, sondern die komplette Rückeroberung Anatoliens und Ostthrakiens. Daher weist er auch ein untaugliches Waffenstillstandsangebot der Alliierten vom 26.03.1922 und alle Versuche ab, die hinter diesem Ziel und dem Nationalpakt zurück bleiben.

Ende Oktober 1921 erfolgt der vereinbarte Austausch der Internierten und Gefangenen mit Großbritannien. Ehemalige türkische Parlamentarier kehren in das Parlament zurück, Soldaten in die Armee Mustafa Kemals. Diese konnten nicht befördert werden und ihnen fehlt nun auch aktuelle Kriegserfahrung.

Die türkische Armee wird nach der Schlacht umgegliedert in fünf Korps, später vor der Schlussoffensive in 1922 in zwei Armeen, Korps und Divisionen: Die 1. Armee steht zunächst unter dem Kommando von İhsan Paşa, der aus Malta frei gekommen war, dem allerdings der Gazi noch Versagen an der Mesopotamienfront im Vilayet[101] Mosul zum Ende des Ersten Weltkrieges vorwirft. Nach Klagen über dessen Amtsführung wird er am 18.06.1922 abgesetzt. Ihm folgt Nurettin Paşa. Befehlshaber der 2. Armee wird Yakup Şevki Paşa. Neben den zwei Armeen gibt es noch weitere Truppen, darunter ein Kavalleriekorps mit drei Divisionen und zwei zusätzliche Kavalleriedivisionen. Die Stärke einer Infanteriedivision wird aufgestockt auf 7.000–8.000 Mann. Bis zum Juli 1922 verdoppelt sich damit die Stärke der türkischen Armee auf ca. 200.000 Mann. Kriegsmaterial wird herbeigeschafft von der Ost- und Südfront, Munition im erheblichen Umfang geschmuggelt mit französischer Duldung aus einem Depot in Zeytinburnu/İstanbul. Material kommt immer noch aus russischen Lieferungen oder aus französischen Überlassungen beim Abzug der Franzosen an der Südfront, letztlich auch aus Käufen von Italienern und Franzosen. Dennoch reicht die Munition nur aus für einen Blitzkrieg von ca. 20 Tagen.

Der Gazi fällt den Entschluss zur Offensive Mitte Juni 1922. Die Griechen behalten ihre Gliederung mit drei Korps bei: A-Korps General Trikupis, B-Korps General Digenis, C-Korps General Sumilas. Auch die Griechen werden in der Entscheidungsschlacht über ca. 200.000 Mann verfügen, was dann für den türkischen Angreifer ein

---

[101] Provinz.

immer noch riskantes Zahlenverhältnis von 1 : 1 zur Folge haben wird. König Konstantin zieht sich aus seiner Rolle des Gesamt-Oberbefehlshabers mehr und mehr zurück. General Papoulas war verbittert und sagte nach dem Rückzug abfällig und wenig selbstkritisch, „dass er eine Armee von Deserteuren geführt habe".

König Konstantin bestimmt Ende Mai 1922 General Georgios Hatzianestis zum militärischen Oberbefehlshaber, dem nun auch die Truppen in Ostthrakien unterstehen. Zuvor war er nur Divisionskommandeur gewesen. Allerdings wurde wahrscheinlich übersehen, dass General Hatzianestis gemütskrank war und der Aufgabe damit nicht gewachsen. Es zeigte sich u.a. darin, dass er sich während der Entscheidungsschlacht im August 1922 – recht isoliert und schlecht informiert – in seinem HQ in İzmir verschanzte und im Gefecht nicht die Front aufsuchte. Eine Koordination der Operationen der drei Korps vor Ort fand damit nicht statt, was die KG zwang, ihrerseits Absprachen zu treffen, die Hatzianestis nicht kannte.

Tragischerweise war er der einzige Offizier, der später von den Griechen wegen Hochverrats hingerichtet wurde; sicherlich weder in der Art noch in der Sache gerechtfertigt.

Im Juli 1922 befiehlt die Regierung General Hatzianestis, um doch noch ein Faustpfand zu erlangen, İstanbul einzunehmen. Die Alliierten werden informiert. Dazu verlegt General Hatzianestis bei Schwächung der Front in Anatolien und unter möglichster Geheimhaltung zwei Divisionen mit 50.000 Mann nach Ostthrakien[102], wo er an der Çatalca Linie[103] mit den Briten und Franzosen konfrontiert wird. Am 31.07.1922 konnte Hatzianestis von seinem Vorhaben abgebracht werden.

Die von Hatzianestis beantragte Verkürzung der Front in Anatolien wird von der Regierung abgelehnt. Für İzmir wird am 30.07.1921 nach Weisung des Königs vom Hohen Kommissar Stergiadis das „Autonome Verwaltungsgebiet Jonien" proklamiert.

---

[102] Siehe auch General Charles Harington „Tim Harington looks back" (1940). Bestätigt auch von Bujac.
[103] Eine gedachte Linie im Gelände bei der Stadt Çatalca, quer über die Halbinsel ca. 40 km westlich İstanbul, die mehrmals in Kriegen die letzte Verteidigungslinie darstellte, so z.B. im 1. Balkankrieg gegen die Bulgaren.

Die Unruhe in der Hauptstadt Athen, im Parlament wie in der Bevölkerung, nahm nach dem Rückzug ständig zu, da man erkannt hatte, dass von der Front wohl viel zu optimistisch berichtet worden war
und kein überzeugender Plan des weiteren Vorgehens präsentiert
wurde. Auf den Straßen gab es Proteste gegen den Krieg und den
„britischen Imperialismus"[104], angefacht durch zivile und militärische
Rädelsführer (z.B. Colonel Skyros). Gefordert wurde in von Flugzeugen abgeworfenen Flugblättern und Zeitungen der komplette Abzug
aus Anatolien. Bei der Truppe vor Ort, deren Moral ohnehin auf dem
Tiefpunkt war und die auch mit Urlaubsperren belegt wurde, führten
die Ungewissheit und diese Ereignisse zu einem weiteren Absinken
der Moral.

Die Zeit wurde nicht voll genutzt, um die griechischen Stellungen
in Anatolien erheblich auszubauen und die Truppe personell und materiell wieder deutlich aufzufrischen. Die Wirtschaft lag am Boden.
Griechische Kriegsmüdigkeit machte sich breit.

Selbst Großbritannien, die letzte Nation, die Griechenland bis dahin noch die Stange gehalten hatte, versagte nunmehr die Unterstützung, auch finanziell. Der Premierminister Lloyd George stand ebenso unter starker Kritik. Im März 1922 hatte man indische Truppen
nach Indien zurück gesandt, weil diese nicht mehr gegen ihre Glau-
bensbrüder kämpfen wollten[105] Im Juli 1922 traf bei Mustafa Kemal
Gazi eine indische Spende von 600.000 Lira ein, und nach dem Krieg
stellten indische Kreise den Weg der Türkei in die Republik als vor-
bildlich dar, boten Mustafa Kemal gar das Kalifat[106] an.

---

104 Typische Argumentation der Bolschewisten.
105 Gleiche Maßnahmen mussten die Briten schon im Ersten Weltkrieg ergreifen.
106 Die Maßnahmen stehen auch im Zusammenhang mit den indischen Unabhän-
gigkeitsbestrebungen von Mahatma Gandhi, gerichtet gegen den britischen Koloni-
alherren.

XV.   Die griechische Niederlage bei Dumlupınar

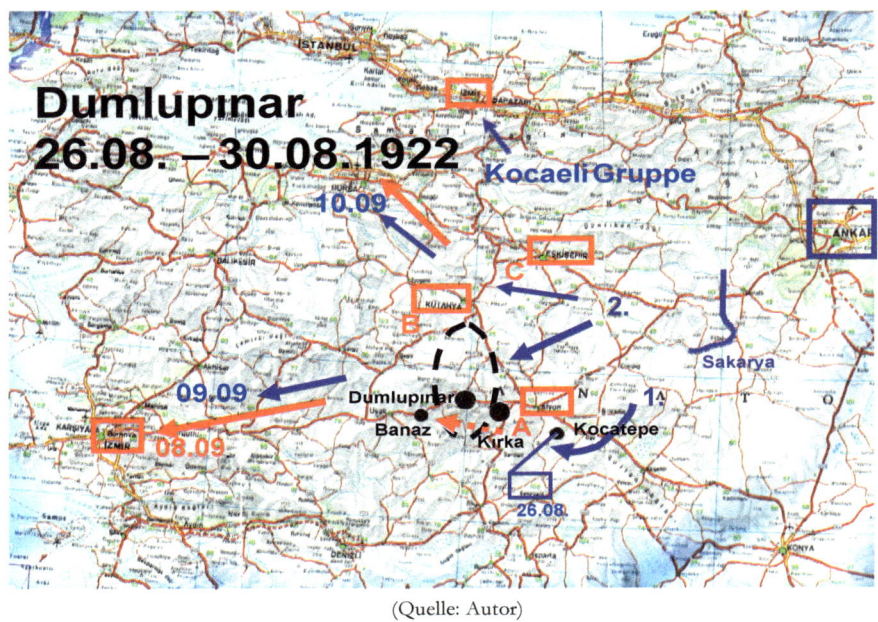

(Quelle: Autor)

Die griechische Armee will von Norden nach Süden verteidigen mit: 11. Division bei İzmit/Kocaeli gegenüber der gleichnamigen türkischen Kocaeli Gruppe, dem C-Korps im Norden, B-Korps in der Mitte und A-Korps im Süden. Zwei Divisionen fehlen; sie stehen außerhalb in Thrakien.

Wegen der überdehnten Front von 700 km bestehen Lücken von 6-10 km, die mit Drahtsperren gesichert sind und von MG-Nestern überwacht werden sollen. Auch die Stellungssysteme in der Tiefe sind lückenhaft; eine 2. Verteidigungslinie besteht nur zum Teil.

Die Bildung einer schlagkräftigen operativen Reserve ist wegen der Frontbreite nicht möglich; so muss auf die aktuelle Lage reagiert werden, vor allem mit dem B-Korps. Natürlich weiß man um die primäre Bedrohung von Afyon und dem weiteren Weg von dort nach İzmir.

Eisenbahnlinien werden von Flugzeugen überwacht, jedoch ist die

Luftherrschaft zu diesem Zeitpunkt qualitativ[107] bereits auf die Türken übergegangen, die über zehn neue französische Flugzeuge verfügen; die Aufklärung der Griechen aus der Luft ist damit erschwert. Für den griechischen Nachschub werden 4.000 Lkw eingesetzt. Die Versorgungspunkte sind im Falle eines Rückzuges zur Vernichtung vorbereitet.

Das koordinierende HQ des OB in İzmir ist von der Front ca. 400 km entfernt, die Funkausstattung der Korps und Divisionen äußerst knapp. Bei Ausfällen ist damit die Führung eines geordneten beweglichen Gefechtes kaum möglich.

Die KG des A-Korps General Trikoupis und des B-Korps General Digenis hatten vorher schon einmal eine gemeinsame Kampfgruppe gebildet; sie werden es in der Krise der folgenden Schlacht ohne Einwirkung des OB auch wieder tun, wobei Trikoupis aus Gründen des Dienstalters das gemeinsame Kommando obliegen wird.

Der Eindruck besteht, dass der Verteidiger die Zeit von ca. einem Jahr nicht nutzen konnte, – einige Gründe wurden schon genannt – , um eine starke Verteidigung aufzubauen. Im Wissen darum hat sich die militärische Führung in ihren Planungen auch schon mit der Gefechtsart Verzögerung beschäftigt, was strategisch einem Rückzug unter Kampf gleich kommt.

Die Türken planen den Angriff[108] mit zwei Armeen und selbständigen Einheiten, darunter die Kocaeli Gruppe südlich İzmit. Die Schlüsselrolle fällt der 1. Armee unter Nurettin Paşa zu, ca. 100.000 Mann. Sie soll südlich Afyon angreifen mit einem starken überraschenden Feuerüberfall vorweg, gefolgt von Kavallerie und Infanterie. Allein dort werden vier Kavalleriedivisionen eingesetzt. Im Zusammenwirken mit der 2. Armee soll im Rahmen einer Einkesselung der beiden griechischen Korps das Zwischenziel genommen werden, die Eisenbahnlinie westlich Afyon mit dem Ziel İzmir/Küste. Die 2. Armee hat zusätzlich den Auftrag der Absicherung ihrer rechten

---

[107] Die Luftherrschaft wird entscheidend mitbestimmt durch drei moderne türkische Jagdflugzeuge vom Typ Spad XIII. Sie können die größere Zahl griechischer Flugzeuge von etwa noch 50 am Boden halten oder in der Luft vernichten.
[108] Codename: Kurt Kapanı = Wolfsfalle.

Flanke gegen ein Vorgehen des C-Korps, zugleich auch dessen Abnutzung.

Beide Nationen haben nicht alle Kräfte an der Westfront in Anatolien eingesetzt. Wie o.a. haben die Griechen mindestens zwei Divisionen nicht vor Ort, und auch die Türkei kann nicht ihre anderen Fronten komplett entblößen. Das griechisch-türkische Kräfteverhältnis an der Front ist ca. 225.000 : 208.000. Unter Berücksichtigung der Materiallage, der nunmehr überlegenen türkischen schweren Artillerie und der weit überlegenen türkischen Kavallerie also ein nahezu ausgeglichenes Kräfteverhältnis 1 : 1 vorn.

Militärische Erfahrung lehrt, dass der Angreifer eigentlich die größere Mannstärke aufweisen müsste, um erfolgreich zu sein, wünschenswert sogar im Verhältnis 3 : 1. So müssen also die Türken andere Faktoren der Kriegskunst in die Waagschale werfen, um erfolgreich zu sein: Führungskunst der Obersten Führung, situationsbedingtes flexibles Handeln der unterstellten Kommandeure[109], Täuschung, Überraschung, eindeutige Schwerpunktbildung, Schnelligkeit – vor allem unter Einsatz der Kavallerie – und einen unbändigen Kampfeswillen. Alles das wurde gezeigt.

Am 23.07.1922 verlegt İsmet Paşa sein HQ nach Akşehir südostwärts Afyon. Der OB wird ihm mit Fevzi Paşa[110] dorthin am 20.08.1922 folgen. Zur Täuschung der Griechen und zum Zwecke der eigenen Befehlsausgabe in der Nacht zum 29.07.1922 lässt der OB für den 28.07.1922 ein Fußballturnier[111] in Akşehir mit Präsenzpflicht der höheren Truppenführer ansetzen und lädt Tage später scheinbar zum Tee in Ankara/Çankaya, bei dem er selbst jedoch nicht mehr erscheint. Auch das Parlament wird über den Angriffs-

---

[109] Also eigenständiges flexibles Handeln im Sinne des Auftrages, nicht nur wortwörtlich nach erteilten Befehlen, eher wie die örtliche Lage es erfordert. Mustafa Kemal hat dies mehrfach 1915 in der Schlacht von Çanakkale demonstriert, als Regimentskommandeur bei der Landung der ANZAC-Truppen wie auch als Truppenführer der ANAFARTA-Gruppe. Enver Paşa versagte ihm dennoch die Anerkennung der anschließenden Beförderung.

[110] Da o.a. andere Funktionen bis 09.07.1922 abgegeben, nun nur noch Generalstabschef.

[111] Der Oberbefehlshaber nutzt die Gelegenheit zur Befehlsausgabe.

termin nicht informiert. Weitere Täuschmaßnahmen[112] sollen eine unverdächtige friedliche Stimmung schaffen. Dies scheint auch zu gelingen. Noch am 24.08.1922 veranstalten die Griechen einen Ball mit Offizieren in Afyon, nur General Trikoupis hat seine Truppen am 25.08. gewarnt wegen verdächtiger Aktionen des Gegners.

Von Ankara reist Mustafa Kemal Paşa dann unbemerkt am 17.08. über Konya an die Front, wo er mit Fevzi Paşa und İsmet Paşa zusammentrifft.

İsmet Paşa gibt den Geheimbefehl zum Angriff am 06.08.1922 mit Festlegung des Angriffstermins auf den 26.08.1922 früh. Damit bleibt genug Zeit für die nachgeordneten Führer zur Umsetzung der Befehle. Märsche haben ausschließlich nachts zu erfolgen; am Tage hat die Truppe gedeckt und getarnt unterzuziehen.

Am 24.08.1922 verlegt das HQ noch kurzzeitig nach Şuhut, am Folgetag an einen Ort ca. 30 km südostwärts Kocatepe[113]. Von hier aus wird nur die Anfangsphase des Angriffs geführt.

Am Vortag des Angriffs, es ist ein Freitag, versammeln sich die Soldaten zum Gebet und vergeben einander, wie es Sitte ist.

Der OB führt von vorn[114], beobachtet häufig durch das Scherenfernrohr und gibt Anweisungen.

Die 1. Armee greift dass A-Korps an im Süden in der Nacht zum 26.08. mit deutlicher Artillerieüberlegenheit und erzielt beim Gegner starke Verluste. Einige Ereignisse sind besonders bemerkenswert:

Das V. Kavalleriekorps unter General Fahreddin Paşa greift an durch die Schlucht bei Kırka und die Ebene bei Sincanlı, überrennt griechische Sicherungen und verübt Sabotage an rückwärtigen Telegrafie- und Eisenbahnanlagen. Hierbei zeichnet sich besonders das 13. Kavallerieregiment der 2. Kavalleriedivision unter Hauptmann/ Yüzbaşı Galip aus.

Beim 56. Regiment werden in der Nacht vom 26.07. auf 27.07.

---

[112] Straßenbauarbeiten an falschen Orten, Märsche am Tag in falsche Richtungen, leere Zelte ohne Truppe.
[113] Siehe das berühmte Titelbild mit dem Gazi auf dem Kocatepe.
[114] Führen von vorn ist auch ein psychologisches Mittel der Kriegskunst. Die Truppe spürt, dass der OB bei ihr ist und nicht weit rückwärts unsichtbar über einen Kartentisch gebeugt. Er ist damit auch eher gefährdet und teilt das soldatische Los.

neunzig Trompeter bei der 15. Division zusammengefasst. Diese psychologische Maßnahme begünstigte einen Einbruch beim Tınaztepe und erleichterte sicherlich die Qual mancher Soldaten, die mangels Sandalen barfuß laufen mussten.

Der Kommandeur der nachfolgenden 57. Infanteriedivision Oberst Reşat Bey (Çiğiltepe) begeht am Çiğiltepe Selbstmord, weil er sein dem Gazi gegebenes Versprechen nicht halten konnte, eine Ortschaft zu einem bestimmten Zeitpunkt zu nehmen.

Die 2. Armee führt erfolgreich Angriffe gegen die Nahtstelle zwischen den anderen beiden Korps.

Am 27.08. früh kann die 1. Armee einen Durchbruch südlich Afyon beim Erkmentepe und Tınaztepe erzielen. Afyon wird zurück erobert; das türkische HQ verlegt dorthin.

An diesem Tag gibt der Kommandeur der 1. griechischen Division, General Frangou, auch für die unterstellte 7. Division des A-Korps[115], offensichtlich ohne Funkverbindung und damit aktueller Abstimmung mit dem KG General Trikoupis, Befehl für den Rückzug auf Dumlupınar für die Nacht zum 28.08., den der KG erst im Laufe des 28.08. erteilt. Dadurch entsteht eine erhebliche Lücke in der griechischen Front.

General Trikoupis unterstellt sich an diesem Tag auch das II. Korps in Absprache mit General Digenis sowie eine weitere Division des C-Korps.

In Unkenntnis der örtlichen Lage hatte das HQ İzmir noch Weisung gegeben an das A-Korps, einen Gegenangriff zu führen oder im Falle der Undurchführbarkeit zu verzögern[116] und an das B-Korps, ebenfalls einen Gegenangriff zu führen. General Trikoupis hatte auch hier schon realistisch entschieden: Er weicht kämpfend nach Nordwesten aus, fügt dabei auch den türkischen Truppen starke Verluste zu. In der Nacht zum 29.08. verlegt er sein HQ nach Olucak.

---

[115] Ungewöhnliche Struktur, die dann auch „Gruppe Frangou" genannt wird.

[116] General Hatzianestis zeigt hiermit seine Unkenntnis der Lage und zgl. Unschlüssigkeit, denn er überlässt letztlich General Trikoupis die Entscheidung bzw. schenkt ihm sein Vertrauen. Am 28.08. gibt Hatzianestis wohl auch deshalb die Weisung auf Unterstellung des B-Korps unter General Trikoupis, wobei dies schon eigenmächtig geschehen war. Die Befehle des Vortages hebt er auf.

An diesem Tag setzt die 1. Armee die Einschließungsoperation der Truppen von Trikoupis fort, der dann nach Çalköy ausweicht, ca. 40 km nördlich Dumlupınar. An diesem Tag gelingt auch der 2. Armee die Trennung von B-Korps und C-Korps und Absicherung der rechten Flanke.

Am 30.08. weicht General Trikoupis weiter aus über Alıören nach Banaz westlich Dumlupınar mit nur noch ca. 7.000 Mann und 116 Geschützen. Weitere 10.000–15.000 Mann sind zu diesem Zeitpunkt schon ohne Verpflegung und Munition, Andere desertieren. Schließlich können noch ca 5.000 Mann mit 300 Offizieren der Einschließung entgehen und sich nach Westen durchschlagen. Sie hatten vergeblich erhofft, durch die Division Frangou entsetzt zu werden.

Die 2. Armee hat an diesem Tag Kütahya zurück erobert und verfolgt das C-Korps in Richtung auf Bursa.

Am 02.09. um 17:00 Uhr kapitulieren die Generale Trikoupis und Digenis in Uşak nordwestlich Banaz mit demoralisierten Truppen etwa in o.a. Stärke, die ohne MVG auch schon den Gehorsam verweigert hatten. Die beiden Truppenführer werden gefangen genommen[117] und von Mustafa Kemal Paşa ehrenhaft behandelt. Der Gazi eröffnet Trikoupis zu seinem Erstaunen, dass er derzeit ja der griechische OB sei[118], da General Hatzianestis seit heute abgelöst worden wäre. Auf Wunsch von Trikoupis lässt der Gazi seine Frau in İstanbul informieren, dass ihr Mann wohlauf sei. Das Gespräch wurde in Französisch geführt.

Athen bestimmt am 06.09.1922 General Polymenakos als neuen OB.

General Polymenakos organisiert nur noch den Rückzug. Er ergreift keine Maßnahmen für die Bevölkerung von İzmir.

Der Hohe Kommissar Stergiadis verlässt İzmir am 08.09. in Richtung Paris.

Das C-Korps setzt sich ab 02.09. nach Nordwesten ab und erreicht am 10.09. Bursa. Balıkesir ist am 06.09. wieder in türkischer

---

[117] General Trikoupis wurde 1923 im Rahmen eines Gefangenenaustausches freigelassen, in Griechenland 1927 reaktiviert und noch befördert.
[118] Nach Schilderung vom Gazi seit dem 30.08.1922; nach anderen Quellen seit dem 01.09.1922.

Hand.

Auf dem Weg dorthin gerät noch General Kladas und die Masse seiner 11. griechischen Division[119] in Mudanya in Gefangenschaft[120]. Sie hatte den Kontakt zum Korps verloren. Am 18.09.1922 verlassen die restlichen griechischen Truppen Bandırma und Erdek.

Obwohl die Wiedereinnahme von İzmir nach bevor steht, wird der 30.08.1922 als der Tag des Sieges (Zafer Bayramı) und Nationaler Feiertag festgelegt, denn in der Schlacht bei Dumlupınar fiel die endgültige Entscheidung.

1981 wurde in Würdigung von Mustafa Kemal Atatürk die Region zum Nationalpark des Oberbefehlshabers erklärt („Başkomutan Tarihi Milli Parkı"), die Schlacht nach ihm benannt: „Başkomutanlık Meydan Muharebesi" oder auch „Dumlupınar Meydan Muharebesi". Die Schlussoffensive wird mit „Büyük Taaruz" bezeichnet.

Unmittelbar nach dem Sieg wird İsmet Paşa zum Ferik, dem höchsten Generalsrang, befördert, Fevzi Paşa zum Marschall/Müşir.

Zum Abschluss der Kämpfe des gesamten Krieges, die wegen nachfolgender Verfolgungsoperation bis 09.09.1922 noch nicht ganz beendet sind, sei noch ein Blick auf die militärischen Verluste geworfen. Sie resultieren vor allem aus den letzten beiden großen Schlachten. Glaubhafte Quellen schätzen die Verluste auf griechischer Seite auf ca. 91.000 Mann mit ca. 24.240 Toten[121], auf türkischer Seite die Verluste auf ca. 100.000 Mann mit ca. 13.000 Toten. Unsicherheiten in den Statistiken ergeben sich auch aus den betrachteten Zeiträumen und der Frage, inwieweit die nachträglichen Todesopfer durch Verwundung und Krankheit noch einzubeziehen sind.

---

[119] Mit ihr hatten sich gemischte türkische Truppen noch im Juli 1921 heftige Kämpfe geliefert im Raum İzmit.
[120] Nach Özakman werden zwei KG, vier DivKdr und 220 griechische Offiziere als Kriegsgefangene nach Ankara gebracht.
[121] Angaben des griechischen Generalstabes.

XVI. Einmarsch in Izmir

Nach dem Sieg befiehlt Mustafa Kemal Paşa am 01.09.1922 bei Çalköy: „Männer! Euer erstes Ziel ist nunmehr das Mittelmeer. Auf
geht's!" („Ordular! İlk hedefiniz Akdeniz'dir. İleri!")

Die griechischen Soldaten setzen sich ausgehungert, ohne Munition, übermüdet und demoralisiert ab, erneut nach dem Prinzip der
verbrannten Erde, so wie in Alaşehir. Sie werden auch begleitet von
fliehenden Rum und Armeniern.

Die Städte Uşak (01.09.), Eskişehir (02.09.), Balıkesir (06.09.),
Aydın (07.09.) gelangen wieder unter türkische Kontrolle. Am
09.09.1922[122] erfolgt der Einmarsch in İzmir.

Über die Umstände beim Einmarsch gibt es viele Darstellungen
und Wertungen, z.T. sehr widersprüchliche. So sollen nachfolgend
möglichst unbestrittene Fakten geschildert werden.

Die griechischen Truppen verteidigen die Stadt nicht; sie werden
ab 08.08. eingeschifft und verlassen bis 16.09. die Küste bei Çeşme.

Die 21 alliierten Kriegsschiffe im Hafen, also der vier Nationen,
haben Order, sich neutral zu verhalten, primär ihre Konsulate zu
schützen und eigene Staatsbürger zu evakuieren. Auch Militärkapellen
sollen gespielt haben. Mit Ausnahme eines japanischen Frachters, der
am 08.09. fliehende Rum aufgenommen hat, werden diese erst später
evakuiert.

---

[122] Der 09.09. = dokuz eylül bleibt somit in der türkischen Geschichte ein wichtiger
Tag. Er ist auch 1923 der Gründungstag der ersten türkischen Volks-Partei CHP,
der republikanischen Cumhuriyet Halk Partisi.

Griechischer Rückzug und Verfolgung 30.08.–09.09.1922

(Quelle: http://upload.wikimedia.org/Wikipedia/commons/6/68/Greek_soldiers_retreat%2C_19...n)

Einmarsch in Izmir 09.09.1922

(Quelle: http://commons.wikimedia.org/wiki/FileKiMOiG.jpg)

Das berühmte Bild über den Einmarsch zeigt in der vordersten Reihe von links nach rechts Fevzi Çakmak Paşa, İsmet İnönü Paşa und – grüßend – Mustafa Kemal Paşa. Schräg dahinter Reiter des ruhmvollen Kavallerie-Korps von General Fahrettin Paşa – hier der 2. Kavalleriedivision unter Oberstleutnant/Kaymakam Zeki Bey – die mit dem Stv. Kommandeur des 4. Regiments-Hauptmann Şeref – an der Spitze in die Stadt reiten. Vorne links die Frauen, die eine so wichtige Rolle im Krieg wahrgenommen haben[123]. Im Hintergrund Bürger von İzmir, die den Sieg feiern. Aber auch schon zu erkennen Brände in der Stadt, die am 13.09. ausbrechen, bis 17.09. dauern und deren Verursacher strittig sind.

Der Gazi befindet sich ab dem 10.09.1922 in der Stadt. Er hat eine Proklamation veranlasst, auch Flugblätter abwerfen lassen, worin er zur Schonung der Bevölkerung aufruft[124]. Anscheinend hat dies keine große Wirkung gezeigt.

In einem Telegramm vom 17.09. an seinen Außenminister Yusuf Kemal beschuldigt er vor allem die Rum und die Armenier. Diese beschuldigt u.a. auch Halide Edip Adıvar. Über die Zahl der Toten in der Zivilbevölkerung gehen die Meinungen weit auseinander, aber sie liegt wohl deutlich über 50.000.

In der Stadt residiert Mustafa Kemal Paşa in dem Hauptgebäu-de/Konak, in dem vorher der König residiert hatte. Anders aber als dieser lässt er sich angeblich nicht dazu hinreißen, die Flagge des anderen Landes mit den Füßen zu betreten. Privat wohnt er in einem anderen Haus, in dem er auch die Dame Latife Uşşak kennen lernt, die er am 29.01.1923 in İzmir heiratet. Dort beerdigt er auch seine Mutter.

Ab 24.09.1922 evakuiert die griechische Flotte mit türkischer Erlaubnis und Unterstützung der Alliierten ca 150.000–200.000 Rum mit Ausnahme der Männer im Alter von 17–45 Jahren, die Arbeiterbataillone bilden. Schließlich gibt es ja noch keinen Waffenstillstand. Unter den Evakuierten ist u.a. der junge spätere prominente Reeder

---

[123] Eine ähnliche Darstellung auch auf dem Denkmal in İstanbul auf dem Taksim-Platz.

[124] Nach Misha Glenny „The Balkans-Nationalism, War and the great Powers" (2000).

Aristoteles Onassis.

Eine internationale Untersuchung der Ereignisse kam – anders als beim griechischen Einmarsch 1919 – aus verschiedenen Gründen nicht zustande, weder durch den Völkerbund[125] noch durch das Internationale Rote Kreuz.

In Griechenland überschlugen sich die Ereignisse nach der sogenannten „Katastrophe von Kleinasien". Das Kabinett Protopapadakis trat am 07.09.1922 zurück, weitere vier Kabinette sollten folgen, bis am 24.01.1924 wieder Venizelos Premier wurde. Am 11.09. revoltierten Teile der Armee in Athen unter Führung von Oberst Plastiras. Am 14.09. musste König Konstantin I. zurücktreten und das Land Richtung Sizilien verlassen. Ihm folgte auf den Thron sein Sohn Georg II. Er kam aus dem Exil in Belgrad und wird nur wenige Monate residieren.

Am 12.10. begann ein Prozess gegen sieben führende Politiker und General Hatzianestis. Die Einschätzungen der Untersuchungskommission führten u.a. zu sechs Hinrichtungen am 15.11.1922 – nur wenige Stunden nach den Urteilssprüchen – darunter die vom April 1921–September 1922 amtierenden zwei Ministerpräsidenten Gounaris und Protopapadakis, außerdem der Kriegsminister Theotokis, der Außenminister Baltatzis, der Innenminister Stratos und General Hatzianestis. Prinz Andreas, der Bruder von König Konstantin und ehemaliger KG des B-Korps, wurde „wegen komplett fehlender Führungserfahrung" nach Intervention der britischen Krone nur verbannt[126] und von den Briten nach Frankreich gebracht. Aus Protest zogen sie auch vorübergehend ihren Botschafter aus Athen ab. Die Urteile wurden von König Georg II. gezeichnet.

---

[125] 1920 gegründet. Türkei erst Mitglied ab 1932.
[126] Er war eigentlich schon zum Tode verurteilt worden.

XVII. Die Krise bei Çanakkale

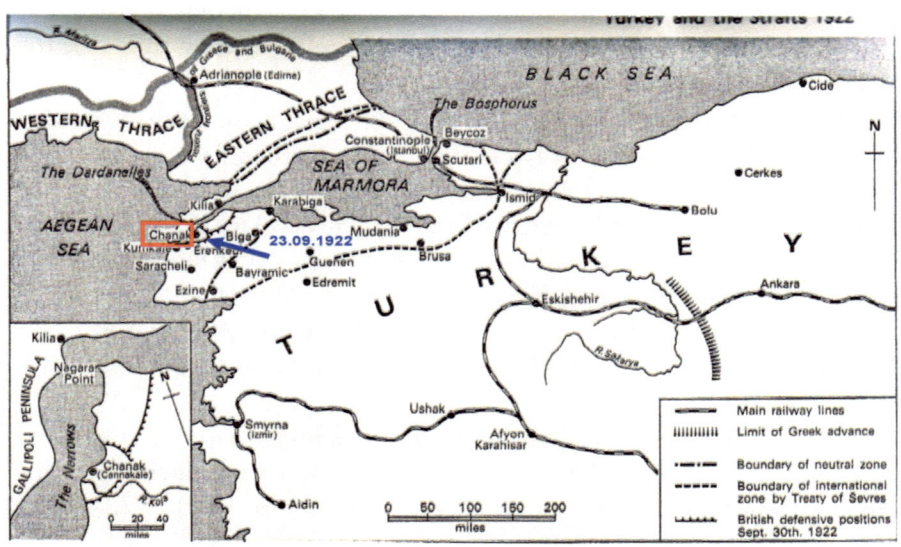

(Quelle: Autor)

Die nächsten Ziele von Mustafa Kemal Paşa waren die Wiederin-
besitznahme der Wasserstraßen von İstanbul und Ostthrakien im
Einklang mit dem Nationalpakt. Davon ließen ihn auch Interventionen von Frankreich durch den Hohen Kommissar General
Pellé und durch Franklin-Bouillon unmittelbar nach Einnahme von
İzmir nicht abbringen. Der Gazi war nicht gewillt, irgendein Verbot
zu beachten, die Internationale Zone oder die engere „Neutrale Zone"[127] zu betreten.

Am 19.09.1922 ziehen die Italiener und Franzosen ihre Truppen
aus der Neutralen Zone bei Çanakkale ab; nur noch die Briten bleiben
dort zurück mit geringen Kräften – „unterstützt" von türkischer Jandarma – unter dem Befehl von General Harington.

Am 23.09.1922 dringt türkische Kavallerie mit umgedrehten Ge-

---

[127] In Wirklichkeit gar keine Neutrale Zone, da griechische Truppen und Schiffe in
dieser operierten.

wehrkolben auf dem Rücken bei Çanakkale und Kepez in die Neutrale Zone ein. Es kommt zur Konfrontation der Kräfte.[128] Die Briten können den 23.000 Türken der 2. Armee nur 3.500 Mann mit 16 Schiffen und 36 Flugzeugen entgegen stellen. Schließlich stehen auch noch die Truppen der 1. türkischen Armee in İzmir zur Verfügung.

Trotz Kriegsandrohung und Weisung aus London, unnachgiebig zu bleiben, lenkt vernünftigerweise General Harington ein, gibt keinen Schießbefehl und beendet das Nervenspiel mit Mustafa Kemal Paşa. Er erklärt am 28.09.1922, dass er seine Truppen angewiesen hat, weitere Zwischenfälle zu vermeiden und schlägt Mudanya für Waffenstillstandsverhandlungen vor. Allerdings hatte London zuvor die Griechen angewiesen, ihre Schiffe aus İstanbul abzuziehen und Ostthrakien zu räumen. Die Verhandlungen konnten dann am 03.10.1922 beginnen.

Das erneute Scheitern der britischen Politik hat letztlich seine Ursachen in der allgemeinen Kriegsmüdigkeit der Alliierten – einschließlich der britischen Commonwealth-Länder, die keine Verstärkungen schicken wollen und nach mehr Unabhängigkeit streben – und in den divergierenden Interessen der Alliierten. Am 19.10.1922 muss folgerichtig Lloyd George zurücktreten; es folgt ihm der Außenminister Lord Curzon.

---

[128] Nach Özakman hatte es zuvor schon 15 Mal begrenzte Gefechte mit den Briten gegeben.

XVIII.   Von Mudanya nach Lausanne

In Mudanya verhandeln die Türkei, Italien, Frankreich, Großbritannien und streckenweise auch Griechenland. Auf türkischer Seite verhandelt General İsmet Paşa, auf britischer General Harington, auf griechischer General Masarakis-Aenian.

Der Waffenstillstandsvertrag[129] wird am 11.10.1922 geschlossen, von den Griechen erst am 14.10.1922 unterzeichnet. Das heißt im Ergebnis, dass die Kämpfe zwischen Griechenland und der Türkei einzustellen sind.

Griechenland muss die Truppen aus Ostthrakien bis zur Meriç/Maritza abziehen und die Rum/griechisch-orthodoxe Bevölkerung zwangsaussiedeln.[130] Bis zum Abschluss eines Friedensvertrages darf die Türkei dort nur 8.000 Mann der Jandarma stationieren. Refet Paşa wird zur Durchführung und Kontrolle am 19.10.1922 nach İstanbul entsandt und dort mit Jubel empfangen. Die Verwaltungshoheit wird am 25.11.1922 wieder übernommen. Edirne, die alte Hauptstadt, ist auch wieder frei. İstanbul und die Dardanellen/Çanakkale Boğazı kommen ebenso unter türkische Kontrolle, dafür wird den Schiffen freie Durchfahrt gewährt.[131]

Weitere Details werden danach in den Verhandlungen in Lausanne festgelegt. Diese dauern vom 21.11.1922–24.02.1923 und – nach Unterbrechung – noch vom 23.04.–24.07.1923.

Mustaf Kemal Paşa gibt am 15.10.1922 seinen Dienstposten als OB ab und wird seine Uniform auch bis zu seinem Tod 1938 nicht mehr anziehen.[132] Er widmet sich jetzt wieder ganz der Innenpolitik, in der große Veränderungen überfällig sind. So beschließt das Parlament die Abschaffung des Sultanats am 01.11.1922. Mit dem Abgang der Symbolfigur weltlicher Macht war damit praktisch schon das Ende des Osmanischen Reiches erreicht, auch wenn dies de jure erst mit der Ausrufung der Republik erfolgen sollte. Der Sultan muss mit sei-

---

[129] Mudanya Mütarekesi oder Mudanya Bırakışması.
[130] Nach griechischen Angaben waren dies ca. 250.000 Personen
[131] Endgültige Regelung erst im Vertrag von Montreux 1936.
[132] Formal wird er erst 1927 aus der Armee entlassen.

ner Familie das Land mit Hilfe der Briten verlassen[133]. Das Kalifat bleibt noch bis 04.03.1924 bestehen[134] und wird bekleidet von seinem Neffen Abdülmecid II. Es erfolgt keine Schwertgürtung mehr.[135] Der ihm zugestandene Titel ist „Kalif aller Muslime und Diener der Heiligen Stätten".[136]

Das Parallelkabinett in İstanbul hatte schon keinen Vertreter mehr nach Mudanya entsenden dürfen. Es wird mit Tevfik Paşa als Großwesir am 05.11.1922 aufgelöst. Die alleinige Regierung ist seit 01.11. die in Ankara.

Während der Verhandlungen in Lausanne beginnt Mustafa Kemal Paşa am 14.01.1923 eine Rundreise durch Anatolien, informiert die Bevölkerung über den aktuellen Sachstand und seine Absichten. Hierbei erläutert er der Bevölkerung, dass der Souverän das Volk sei, von ihm und den gewählten Vertretern im Parlament die Macht ausgehe, nicht aber von einer einzelnen Person. Damit begründet der Gazi die erfolgte Abschaffung des Sultanats und bereitet die Bevölkerung behutsam auf weitere einschneidende Veränderungen vor, die das Parlament noch beschließen wird und schon mit der bestehenden Gesetzgebung vorbereitet wurden: Die Staatsform der Republik, später auch die Abschaffung des Kalifats.

Am 16.04.1923 tagte das 1. Nationale Parlament zum letzten Mal. Nach Neuwahlen etablierte sich das 2. Parlament zum 13.08.1923. Wie o.a. angeführt zogen nur Mitglieder der am 09.08.1923 gegründeten Volkspartei (Halk Fırkası), ein Vorläufer der CHP, als Abgeordnete in das Parlament ein. Allerdings formierten sich auch schon Oppositionelle. Von ihnen wurde am 17.11.1923 die „Progressive Republikanische Partei"[137] gegründet.

---

133 Mehmed VI lässt sich am 17.11.1922 von einem britischen Rotkreuz-Schiff nach Malta evakuieren. Er stirbt 1926 in San Remo in Italien. Letztes Selamlık war am 10.11.1922 bei der Moschee am Yıldız Palast.

134 Das Kalifat wird am 18.11.1922 neu besetzt und am 04.03.1924 abgeschafft.

135 Sie hatte nach 1453 grundsätzlich im İstanbuler Stadtteil Eyüb stattgefunden, gefolgt von einer Prozession zum Palast des Sultans, zgl. Kalifen.

136 Mittlerweile sind die Heiligen Stätten Mekka, Medina und Jerusalem nicht mehr unter türkischer Kontrolle, nur Eyüb. Die Formulierung „Kalif des Gottgesandten" lehnt Mustafa Kemal ab, da hieraus ein Machtanspruch abgeleitet werden könnte.

137 Terakiperver Cumhuriyet Fırkası. In Wirklichkeit waren ihre Mitglieder konservativ, für die Erhaltung des Kalifats und gegen die Form der Republik eingestellt,

Der Vertrag von Lausanne wurde am 24.07.1923 geschlossen zwischen der Türkei, Großbritannien, Frankreich, Italien, Griechenland und drei anderen Staaten.

Als türkischer Verhandlungsführer war erneut İsmet Pascha bestimmt worden, der sein Truppenkommando abgegeben hatte und am 26.10.1922 zum Außenminister ernannt worden war.

Das wesentliche Ergebnis war die Festlegung der Türkei in den heutigen Grenzen, bis auf die Provinz von Hatay, die per Volksabstimmung 1939 hinzugekommen ist.

Ismet İnönü Paşa

(Quelle: https://commons.wikimedia.org/wiki/File:Inonu_Ismet.jpg)

Die Türkei erzielt eine Rückgewinnung von Territorien an allen Fronten gegenüber Sèvres 1920, die Abschaffung der Einflusszonen, die fehlende Darstellung von Gebieten für Kurden oder Armenier im

---

die Mustafa Kemal plante. Am 05.06.1925 als erste Oppositionspartei aufgelöst. Gründungsmitglieder waren Kâzım Karabekir, Ali Fuat Cebesoy, Refet Bele, Dr. Adnan Adıvar und Rauf Orbay. Dieser hatte als Marineminister die Verhandlungen in Mudros geführt und war vom 12.07.1922–04.08.1923 der 3. Ministerpräsident (= „Präsident des Rates der Vollzugsbeauftragten").

Sinne des Nationalpaktes. Mit Erlangung der vollen Souveränität und Unabhängigkeit der Türkei, deren Ausrufung als Republik bevorsteht, hat Mustafa Kemal Paşa sein Ziel weitgehend erreicht. Schmerzlich bleibt natürlich der Verlust riesiger Territorien im Süden, einschließlich der ölreichen Provinz Mosul, einiger Inseln in der Ägäis wie Zypern oder die Dodekanes[138] und − bis Montreux 1936 − noch die begrenzte Souveränität über die Wasserstraßen. Eine Grenzkommission wird die Grenzen noch im Detail festlegen.

Die Kapitulationen[139] werden aufgehoben. Die Türkei verzichtet im Artikel 59 auf griechische Reparationen. Die Minderheitenrechte der Muslime in Griechenland und der Nichtmuslime in der Türkei werden verankert in den Kapiteln 37−45 des Lausanner Vertrages.

Die am 30.01.1923 bereits erzielten Ergebnisse zwischen der Türkei und Griechenland zum Bevölkerungsaustausch werden noch einmal bestätigt. Ca. 1,25 Millionen osmanische Staatsbürger griechisch-orthodoxen Glaubens, also die sogenannten Rum, müssen nach Griechenland umsiedeln, ca. 0,5 Millionen griechische Staatsbürger muslimischen Glaubens in die Türkei.[140] İstanbul und Westthrakien werden von dem Austausch ausgenommen. Im Artikel 14 des Hauptvertrages werden noch die Inseln Gökçeada und Bozcaada ausgenommen. Die Umsiedler durften nur bewegliches Gut mitnehmen; für unbewegliches Eigentum wurden Entschädigungen zugesagt. Während der Umsiedlung, die bereits vor Vertragsabschluss begonnen hatte, waren schon menschliche Verluste zu beklagen.

Nach dem Friedensschluss gingen die Entwicklungen in der Türkei rasant weiter. Am 23.09.1923 war der Abzug der Alliierten aus der Neutralen Zone abgeschlossen; am 02.10.1923 veranstalteten die Briten ihre Abschlussfeier in İstanbul. Am 06.10.1923 zogen wieder tür-

---

[138] Die Türkei behält jedoch die Inseln Gökçeada/Imbros und Bozcaada/Tenedos.

[139] Einseitige Privilegien, die die Sultane anderen Staaten wiederholt zugestanden hatten, so im Handel, bei den Zöllen, bei der Gerichtsbarkeit usw. Sie führten letztendlich zu einer deutlichen Benachteiligung des Osmanischen Reiches und Einschränkung der Souveränität. Der Begriff „Kapitulation/Kapitülasyon" kommt von dem Begriff „Kapitel" in einem Dokument.

[140] Das Kriterium war also der Glaube, nicht die ethnische Zugehörigkeit. So gab es z.B. auch griechisch-stämmige Osmanen, die Muslime waren. Mit der Umsiedlung verbunden war der Verlust der Staatsbürgerschaft.

kische Truppen ein, der offizielle Befreiungstag, also fast genau vier Jahre nach Mudros.

Das Parlament in Ankara legte am 13.10.1923 Ankara als Hauptstadt fest. Am 29.10.1923 rief Mustafa Kemal Paşa die Türkische Republik aus. Es wurde der 4. Nationale Feiertag, der aus dem Unabhängigkeitskrieg hervorging: „Cumhuriyet Bayramı" – Der Tag der Republik.

Die Republik war also aus einem Unabhängigkeitskampf heraus entstanden, aus einem tiefen politischen und menschlichen Tal nach dem Ersten Weltkrieg und nach dem türkischen Trauma von Sèvres.

Ein faszinierendes weltpolitisches Ereignis!

Was waren nun die Besonderheiten der Türkischen Republik? [141]

---

[141] Türkiye Cumhuriyeti Devleti.

XIX.   Die Türkische Republik

Gazi Mustafa Kemal am 29.10.1923
https://upload.wikimedia.org/wikipedia/commons/a/a1/Atatürk.jpg)

Die Ausrufung der Republik war mit Gesetzesänderungen der alten Verfassung vom 20.01.1921 verbunden, so der o.a. Abschaffung des Kalifats, des Ministeriums für religiöse Angelegenheiten und Stiftungen, der Koranschulen/Medresen[142].

Die Gründung der Republik Türkei am 29. Oktober 1923 war mit der Annahme einer neuen republikanischen Verfassung verbunden, die das Verfassungsgesetz der provisorischen Regierung in Ankara vom 20. Januar 1921 aufhob und den endgültigen Bruch mit der Verfassung und den Institutionen der Jahrhunderte alten Osmanischen Sultansmonarchie vollzog, auch wenn der Republikgründer Mustafa Kemal (Atatürk) als Staatspräsident mit Rücksicht auf die fast ausschließlich muslimische Bevölkerung des neuen Staates die Aufhebung des Kalifats und des Islams als Staatsreligion erst durch weitere Gesetze der Großen Nationalversammlung (GNV) 1924 und 1928 verfügte und in dieser Zeit auch weitere Gesetze zur Modernisierung der zivilen Lebensverhältnisse des Staates erließ. Nachfolgend sollen die wesentlichen Aspekte der neuen Verfassung der Republik, die bis 1961 gültig blieb, vorgestellt werden.

Art. 1 bestimmte: "Das Türkische Reich ist eine Republik". Damit wurde gesagt, dass das Volk der Souverän ist, was noch einmal im Artikel 3 betont wird.

Art. 2 bestimmte: "Religion des Türkischen Reiches ist der Islam, offizielle Sprache das Türkische, Hauptstadt die Stadt Angora". Mit Änderung vom 10.04.1928 lautet nun die Fassung: "Die Amtssprache des Türkischen Reiches ist Türkisch, seine Hauptstadt ist Ankara." Mit dieser Änderung, dem Wegfall der Aussage zum Islam, wird vor allem die Trennung von Religion und Staat, in der Türkei "Laizismus" genannt, verankert.

Art. 4 bestimmte: "Alleinige und wirkliche Repräsentantin der Nation ist die Türkische Große Nationalversammlung. Sie übt die Staatsgewalt im Namen der Nation aus". Das reflektiert somit einerseits den Wegfall des Sultanats und verhindert z.B. eine zukünftige Diktatur.

---

[142] Gesetze 429-431 vom 02.03.1924.

Art. 5 bestimmte: "Gesetzgebungsrecht und vollziehende Gewalt sind in der Großen Nationalversammlung als Mittelpunkt verkörpert". Sie ist also die Legislative und Exekutive. Diese Funktionen werden später getrennt werden.

Art. 7 bestimmte: "Die vollziehende Gewalt übt die Nationalversammlung durch den von ihr gewählten Präsidenten und einen von ihm zu ernennenden Rat der Vollzugsbeauftragten aus". Das hier gemeinte Kabinett mit einem Ministerpräsidenten/Premier an der Spitze ist also noch Teil des Parlamentes, nicht jedoch der Präsident als oberstes Exekutivorgan.

Art. 8 bestimmte: "Die Gerichtsbarkeit wird namens der Nation durch unabhängige Gerichte im Rahmen des Gesetzes ausgeübt." Damit ist auch die dritte Gewalt nach Montesquieu verankert, in diesem Fall die von ihm geforderte Gewaltenteilung realisiert. Die Şeriatgerichte sind damit abgeschafft.

Art. 40 bestimmte, dass im Frieden der Oberbefehlshaber der Streitkräfte der Chef des Generalstabes ist und im Kriegsfall der Präsident den Oberbefehlshaber bestimmt.

Art. 68–83 beschreiben die Grundrechte des Bürgers, ein wichtiger Bestandteil jeder modernen Verfassung.

Schon vor Verabschiedung der neuen Verfassung wurden die personellen Weichen gestellt für drei wichtige Dienstposten. Mustafa Kemal Paşa wurde am 29.10.1923 vom Parlament einstimmig mit 158 Stimmen zum Präsidenten der Republik (Cumhurbaşkanı) gewählt, Fethi Okyar Bey zum Parlamentspräsidenten (TBMM Başkanı), İsmet İnönü Paşa zum Ministerpräsidenten (Başbakan) und Fevzi Çakmak Paşa zum Generalstabschef[143] (Genel Kurmay Başkanı). Diese langjährigen Gefährten des Gazi sollten noch viele Jahre das Geschick der Nation bestimmen, İsmet İnönü Paşa als 2. Staatspräsident sogar bis 1950, als Ministerpräsident noch einmal 1961–1965. Mit diesen Personen wurde auch für viele Jahre die politische Kontinuität im Sinne Atatürks sichergestellt und fortgeführt.

Die vorstehend genannten Verfassungsgrundsätze bezeichnen zugleich die politische Theorie der 1923 begründeten Republik Türkei

---

[143] Dieser ist nun nach einem Gesetz vom 19.12.1923 nicht mehr Mitglied des Kabinetts.

und der sie allein bestimmenden Volkspartei CHP, den Kemalismus (Atatürkçülük, Kemalcilik, Kemalizm), der im Parteiprogramm von 1937 und im neu gefassten Artikel 2 der Staatsverfassung vom 05.02.1937 in sechs Leitsätzen (Prinzipien, auch als „altı ok" = sechs Pfeile) beschrieben wird:

„Das Türkische Reich ist republikanisch, nationalistisch, volksverbunden, interventionistisch, laizistisch und revolutionär ".

(1) Der Republikanismus (Cumhuriyetçilik) wurde schon erläutert. Gemäß der Inschrift über dem alten Parlamentsgebäude in Ankara: Hâkimiyet Milletindir – Die Staatsgewalt geht von der Nation/vom Volke aus.

(2) Der Nationalismus (Milliyetçilik, Ulusalçılık) dokumentiert den Übergang vom Vielvölkerstaat des Osmanischen Reiches zum homogenen Nationalstaat mit dem berühmten Ausspruch Atatürks vom 29.10.1933 „Ne mutlu Türküm diyene" – Glücklich kann sich schätzen, wer sich Türke nennen kann.

(3) Die Volksverbundenheit (Halkçılık) kann beschrieben werden mit einem Satz aus dem Parteiprogramm der CHP: „Halka rağmen – Halka için!" – Alles durch das Volk – Alles für das Volk!

(4) Mit Intervention (Devletçilik) ist gemeint die Einflussnahme des Staates auf die Wirtschaft, mitunter auch als Etatismus bezeichnet. Dies ist erklärbar aus der wirtschaftlichen Situation der damaligen Zeit und ist mittlerweile dem modernen Denken der sozialen Marktwirtschaft gewichen. In ihr setzt der Staat nur die wirtschaftlichen Rahmenbedingungen, Staatsbetriebe werden die Ausnahme.

(5) Der Laizismus (Laiklik, Layiklik) beschreibt, wie o. a., die Trennung von Religion und Staat, also z.B. das Gegenteil einer Personalunion von Sultan und Kalif. Atatürk wollte, dass die Religion keine Angelegenheit des Staates, sondern eine individuelle Gewissensangelegenheit des Bürgers ist. Manche Experten meinen, dass die heutige Situation in der Türkei besser mit dem Begriff Säkularismus = Weltlichkeit beschrieben wäre, weil die Trennung nicht konsequent verwirklicht sei. Ein Beispiel ist die Stellung der Staatlichen Religionsbehörde (Diyanet İşleri Başkanliği).

(6) Der Reformismus (İnkılapçılık) gibt dem Gedankengebäude ei-

nen dynamischen Charakter. Atatürk war eben kein statischer Ideologe, sondern ein Pragmatiker im Sinne von „İleri ileri – daima ileri", immer nur vorwärts, i.e. zeitgemäß bleiben. Daher sind heutige Antworten zu Fragen nicht immer zwingend aus dem Kemalismus ableitbar.

In der heutigen Verfassung von 1982 sind die Leitsätze 1, 2 und 5 noch wörtlich enthalten, die anderen drei umschrieben. In der Eidesformel Artikel 81 müssen sich die Parlamentarier immer noch zu diesen Prinzipien bekennen.

Das Gedankengebäude Atatürks ist allerdings mit den o.a. sechs Punkten noch nicht umfassend beschrieben. Ein weiterer wichtiger Bestandteil ist seine Friedensliebe, reflektiert in einer weiteren Forderung: „Yurtta sulh – Cihanda sulh!" In neuerem Türkisch „Yurtta barış – Dünyada barış" : Frieden zuhause – Frieden in der Welt! Atatürk hat dies z.B. gefordert in seinem Brief an den US-Präsidenten Roosevelt 1923 oder wieder thematisiert 1934 in der verlesenen berühmten Ansprache in Gelibolu/Gallipoli. In ihr wurde auch der Opfer unter den ehemals gegnerischen Familien gedacht.

Erwähnt werden sollte auch die Verankerung des aktiven und passiven Wahlrechtes für Frauen 1934, zuvor schon 1930 auf kommunaler Ebene. Damit war die Türkei fortschrittlicher als so manche westliche Demokratie.

Wie bekannt hat Atatürk in den Folgejahren zahlreiche Einzelreformen durchgeführt, die der Türkei einen Modernisierungsschub verschafft haben. Der Übergang zur lateinischen Schrift und Reformierung der türkischen Sprache sind weitere zukunftsweisende Reformen.

Der Zeitrahmen dieses Buches gestattet es jedoch nicht, auf dieses weitere faszinierende Kapitel der türkischen Geschichte einzugehen. Es ist gerade auch in der deutschsprachigen Literatur gründlich beschrieben.

Mit dem Tod Atatürks 1938, des wirklichen „Vaters der Türken", starb ein revolutionärer Staatsgründer, eine große Persönlichkeit, die den Türken stets in Erinnerung bleiben wird.

XX.   Literatur

Abbott, G.F.	Greece and the Allies	London 1922
Adıvar, Halide Edip	Mein Weg durchs Feuer	Zürich 2010
Adıvar, Halide Edip	The Turkish Ordeal	London 1928
Alexandris, Alexis	The Greek minority of Istanbul and Greek Turkish relations 1918 – 1974	Athen 1922
Armstron, Herold	The birth of a new Nation	London 1925
Baykara, Tuncer	Milli Mücadele	Ankara 1985
Interalliierte Untersuchungskommission Smyrna 1919	Bericht	Wikipedia
Bujac, Colonel	Les Campagnes de l'Armée Hellénique 1918 – 1922	Paris 1929
Callwell, C.E.	Die Tagebücher des Foreign Minister Sir Henry Wilson	Stuttgart 1930
Cebesoy, Ali Fuat	Milli Mücadele Hatıraları	Istanbul 2010
Clogg, Richard	Geschichte Griechenlands	Köln 1997
Cosmetatos, S.P.P.	The Tragedy of Greece	Lonon 1928
Criss, Nur Bilge	Istanbul under Allied Occupation	Leiden 1999
	Documents on British Foreign Policy 1919 – 1939	London
Frangulis, A.F.	La Grèce et la Crise Mondiale	Paris 1926
Göyünç, Nejat	Atatürk ve Milli Mücadele	Konya 1984
Harington, Charles	Tim Harington looks back	London 1940
Hellenischer Generalstab	A history of the Hellenic Army 1821 – 1997	Athen 1999
Hellenischer Generalstab	An Index of events in the Military History of the Greek Nation	Athen 1998
Helmreich P.Christian	From Paris to Sèvres	Columbus 1974
İnönü, İsmet	Hatıralar	Ankara 1992

Jäschke, Gotthard	Die Türkei als Nationalstaat seit der Revolution Mustafa Kemal Atatürks 1920 – 1974 in Handbuch der europäischen Geschichte Band 7,2, Seiten 1339 – 1351	Stuttgart 1979
Jäschke, Gotthard	Der Freiheitskampf des türkischen Volkes in Die Welt des Islams, Band 14, 1932 – 1936	Berlin 1932
Jäschke, Gotthard	Der türkische Unabhängigkeitskrieg in neuer Sicht in Mitteilungen der DTG Bonn, Heft 78, Seiten 11-7	Bonn 1969
Jäschke, Gotthard	Die griechische Landung in Izmir im Lichte der britischen Dokumente in Mitteilungen der DTG Bonn Heft 73, Seiten 9-13	Bonn 1968
Jäschke, Gotthard	Wie wurde die Türkei eine Republik und Ankara ihre Hauptstadt? in Mitteilungen der DTG Bonn, Heft 52, Seiten 1-6	Bonn 1963
Karabekir, Kâzım	Türkiye'de ve Türk Ordusunda Almanlar	Istanbul 2001
Kinross, Lord	Atatürk	London 1964
Korrespondenten	The Greek Campaign in Asia Minor at 1921	Athen 1921
Kreiser, Klaus	Der Osmanische Staat 1300 – 1922	München 2001
Kreiser, Klaus	Kleine Geschichte der Türkei	Stuttgart 2004
Kreiser, Klaus	Atatürk	München 2008
Lewis, Bernard	The Emergence of Modern Turkey	London 1968
Lloyd George, David	War Memoirs	London 1938
Musta Kemal Paşa	Nutuk/Rede 1927 „Der Weg zur Freiheit" und „Die Nationale Revolution 1919 – 1927"	Leipzig 2003
Özakman, Turgut	Şu Çılgın Türkler	Ankara 2008
Pallis, Aexandros Alexandru	Greece's Anatolian Venture	London 1997

Şimşir, Bilal	Sakarya'dan Izmir'e 1921 – 1922	Istanbul 1989
Smith, Michael Llewellyn	Ionian Vision – Greece in Asia Minor 1919 – 1922	London 2009
Toynbee, Arnold	The Western Question in Greece and Turkey	London 1970
Tröbst, Hans	Soldatenblut	Leipzig 1925
Venesis, Elias	Nummer 31328	Mainz 1969
Walder, David	The Channak Affair	London 1969
Yaman, Ahmet Emin	Kurtuluş Savaşında Anadolu Ekonomisi 1919 – 1922	Ankara 1998
Zandi, Sayek, Sibel	Ottoman İzmir	Minneapolis 2012
Zürcher, Erik	Turkey – A modern history	London 2005

Der Autor

Der Autor, Eckhard Lisec, Jahrgang 1944, schloss als Dipl. Ing. der Nachrichtentechnik sein Studium 1971 an der TH Hannover ab und trat dann erneut in die Bundeswehr ein.

Als Berufsoffizier bekleidete er u.a. ministerielle und internationale Verwendungen in Belgien und schließlich 2002–2005 als Brigadegeneral bis zur Pensionierung in einem NATO-Stab in Istanbul. Er war damit der erste Bundeswehrgeneral, der nach dem Zweiten Weltkrieg, außerhalb eines Einsatzes, in der Türkei friedensstationiert war.

Sein spezielles Interesse galt schon dort der Geschichte des Osmanischen Reiches und der Türkei einschließlich der türkischen Sprache. Er verbesserte diese Sprachkenntnisse als Gasthörer an der Universität Bonn.

Lisec lebt in Bonn, ist verheiratet und hat zwei Kinder.

Carola Hartmann Miles-Verlag

Politik, Gesellschaft, Militär

Uwe Hartmann, *Innere Führung. Erfolge und Defizite der Führungsphilosophie für die Bundeswehr,* Berlin 2007.

Hans Joachim Reeb, *Sicherheitskultur als kommunikative und pädagogische Herausforderung – Der Umgang in Politik, Medien und Gesellschaft,* Berlin 2011.

Hans-Christian Beck, Christian Singer (Hrsg.), *Entscheiden – Führen – Verantworten. Soldatsein im 21. Jahrhundert,* Berlin 2011.

Reiner Pommerin (ed.), *Clausewitz goes global. Carl von Clausewitz in the 21st Century, Berlin 2011.*

Eberhard Birk, Heiner Möllers, Wolfgang Schmidt (Hrsg.), *Die Luftwaffe zwischen Politik und Technik. Schriften zur Geschichte der Deutschen Luftwaffe, Bd. 2,* Berlin 2012.

Eberhard Birk, Winfried Heinemann, Sven Lange (Hrsg.), *Tradition für die Bundeswehr. Neue Aspekte einer alten Debatte,* Berlin 2012.

Holger Müller, *Clausewitz' Verständnis von Strategie im Spiegel der Spieltheorie,* Berlin 2012.

Angelika Dörfler-Dierken, *Führung in der Bundeswehr,* Berlin 2013.

Cornelia Fedtke, Kai-Uwe Hellmann, Jan Hörmann, *Migration und Militär. Zur Integration deutscher Soldaten mit Migrationshintergrund in der Bundeswehr,* Berlin 2013.

Torsten Konopka, *Afrikanische Wehrsysteme und ihre Entwicklung zwischen 1990/91 und 2011,* Berlin 2014.

Wolf Graf von Baudissin, *Grundwert Frieden in Politik – Strategie – Führung von Streitkräften,* hrsg. von Claus von Rosen, Berlin 2014.

Wolf Graf von Baudissin, *Der Widerstand. „… um nie wieder in die ausweglose Lage zu geraten…",* hrsg. von Claus von Rosen, Berlin 2014.

Marcel Bohnert, Lukas J. Reitstetter (Hrsg.), *Armee im Aufbruch. Zur Gedankenwelt junger Offiziere in den Kampftruppen der Bundeswehr,* Berlin 2014.

Arjan Kozica, Kai Prüter, Hannes Wendroth (Hrsg.), *Unternehmen Bundeswehr? Theorie und Praxis (militärischer) Führung,* Berlin 2014.

Angelika Dörfler-Dierken, Robert Kramer, *Innere Führung in Zahlen. Streitkräftebefragung 2013,* Berlin 2014.

Eberhard Birk, Heiner Möllers (Hrsg.), *Luftwaffe und Luftkrieg,* Berlin 2015.

Phil C. Langer, Gerhard Kümmel (Hrsg.), *„Wir sind Bundeswehr." Wie viel Vielfalt benötigen/vertragen die Streitkräfte?,* Berlin 2015.

Dirk Freudenberg, *Counterinsurgency. Aufstandsbekämpfung als Phase zur Überwindung schwacher Staatlichkeit und zur Etablierung des Aufbaus einer stabilen Nachkriegsordnung?,* Berlin 2016.

Claas Siano, *Die Luftwaffe und der Starfighter. Rüstung im Spannungsfeld von Politik, Wirtschaft und Militär,* Berlin 2016.

Alois Bach, Walter Sauer (Hrsg.), *Schützen.Retten.Kämpfen. Dienen für Deutschland,* Berlin 2016.

Dirk Freudenberg, Stephan Maninger, *Neue Kriege. Sicherheitspolitische Rahmenbedingungen, Mentalitäten, Strategien, Methoden und Instrumente,* Berlin 2016.

Jahrbuch Innere Führung

Uwe Hartmann, Claus von Rosen, Christian Walther (Hrsg.), *Jahrbuch Innere Führung 2009. Die Rückkehr des Soldatischen,* Eschede 2009.

Helmut R. Hammerich, Uwe Hartmann, Claus von Rosen (Hrsg.), *Jahrbuch Innere Führung 2010. Die Grenzen des Militärischen,* Berlin 2010.

Uwe Hartmann, Claus von Rosen, Christian Walther (Hrsg.), *Jahrbuch Innere Führung 2011. Ethik als geistige Rüstung für Soldaten,* Berlin 2011.

Uwe Hartmann, Claus von Rosen, Christian Walther (Hrsg.), *Jahrbuch Innere Führung 2012. Der Soldatenberuf zwischen gesellschaftlicher Integration und suis generis-Ansprüchen,* Berlin 2012.

Uwe Hartmann, Claus von Rosen (Hrsg.), *Jahrbuch Innere Führung 2013. Wissenschaften und ihre Relevanz für die Bundeswehr als Armee im Einsatz,* Berlin 2013.

Uwe Hartmann, Claus von Rosen (Hrsg.), *Jahrbuch Innere Führung 2014. Drohnen, Roboter und Cyborgs – Der Soldat im Angesicht neuer Militärtechnologien,* Berlin 2014.

Uwe Hartmann, Claus von Rosen (Hrsg.), *Jahrbuch Innere Führung 2015. Neue Denkwege angesichts der Gleichzeitigkeit unterschiedlicher Krisen, Konflikte und Kriege,* Berlin 2015.

Einsatzerfahrungen

Kay Kuhlen, *Um des lieben Friedens willen. Als Peacekeeper im Kosovo,* Eschede 2009.

Sascha Brinkmann, Joachim Hoppe (Hrsg.), *Generation Einsatz, Fallschirmjäger berichten ihre Erfahrungen aus Afghanistan,* Berlin 2010.

Artur Schwitalla, *Afghanistan, jetzt weiß ich erst… Gedanken aus meiner Zeit als Kommandeur des Provincial Reconstruction Team FEYZABAD,* Berlin 2010.

Uwe Hartmann, *War without Fighting? The Reintegration of Former Combatants in Afghanistan seen through the Lens of Strategic Thought,* Berlin 2014.

Rainer Buske, *KUNDUZ. Ein Erlebnisbericht über einen militärischen Einsatz der Bundeswehr in AFGHANISTAN im Jahre 2008,* Berlin [2]2016.

Standpunkte und Orientierungen

Daniel Giese, *Militärische Führung im Internetzeitalter – Die Bedeutung von Strategischer Kommunikation und Social Media für Entscheidungsprozesse, Organisationsstrukturen und Führerausbildung in der Bundeswehr,* Berlin 2014.

Dirk Freudenberg, *Auftragstaktik und Innere Führung. Feststellungen und Anmerkungen zur Frage nach Bedeutung und Verhältnis des inneren Gefüges und der Auftragstaktik unter den Bedingungen des Einsatzes der Deutschen Bundeswehr,* Berlin 2014.

Uwe Hartmann (Hrsg.), *Lernen von Afghanistan. Innovative Mittel und Wege für Auslandseinsätze,* Berlin 2015.

Fouzieh Melanie Alamir, *Vernetzte Sicherheit – Quo Vadis?,* Berlin 2015.

Hartwig von Schubert, *Integrative Militärethik. Ethische Urteilsbildung in der militärischen Führung*, Berlin 2015.

Uwe Hartmann, *Hybrider Krieg als neue Bedrohung von Freiheit und Frieden. Zur Relevanz der Inneren Führung in Politik, Gesellschaft und Streitkräften*, Berlin 2015.

Klaus Beckmann, *Treue.Bürgermut.Ungehorsam. Anstöße zur Führungskultur und zum beruflichen Selbstverständnis in der Bundeswehr*, Berlin 2015.

Florian Beerenkämper, Marcel Bohnert, Anja Buresch, Sandra Matuszewski, *Der innerafghanische Friedens- und Aussöhnungsprozess*, Berlin 2016.

Militärgeschichte

Peter Heinze, *Bundeswehr „erobert" Deutschlands Osten*, Berlin 2010.

Dieter E. Kilian, *Adenauers vergessener Retter – Major Fritz Schliebusch*, Berlin 2011.

Ingo Pfeiffer, *Gegner wider Willen. Konfrontation von Volksmarine und Bundesmarine auf See*, Berlin 2012.

Dieter E. Kilian, *Kai-Uwe von Hassel und seine Familie. Zwischen Ostsee und Ostafrika. Militär-biographisches Mosaik*, Berlin 2013.

Peter Heinze, *Berliner Militärgeschichten*, Berlin 2013.

Ingo Pfeiffer, *Seestreitkräfte der DDR*, Berlin 2014.

Ulrich C. Kleyser, *Lazare Carnot. "Le Grand Carnot". Ein Charakterbild*, Berlin 2016.

Eberhard Birk, *"Auf Euch ruht das Heil meines theuern Württemberg!". Das Gefecht bei Tauberbischofsheim am 24. Juli 1866 im Spiegel der württembergischen Heeresgeschichte des 19. Jahrhunderts*, Berlin 2016.

Erinnerungen

Blue Braun, *Erinnerungen an die Marine 1956–1996*, Berlin 2012.

Harald Volkmar Schlieder, *Kommando zurück!*, Berlin 2012.

Reinhart Lunderstädt, *Aus dem Leben eines Hochschullehrers. Persönlicher Bericht*, Berlin 2012.

Wulf Beeck, *Mit Überschall durch den Kalten Krieg. Mein Leben für die Marine,* Berlin 2013.

Jan Becker, *Aufgewühltes Wasser,* 3 Bde., Berlin 2014.

Klaus Grot, *So war's, damals. Dienstchronik eines Pionieroffiziers im Kalten Krieg 1954–1991,* Berlin 2014.

Gustav Lünenborg, *Bürger und Soldat. Innere Führung hautnah 1956–1993, 1993–2015,* Berlin 2015.

Rainer Buske, *Eine Reise ins Innere der Bundeswehr. Wundersame Geschichten aus einer anderen Welt,* Berlin 2016.

Heinz Laube, *Duell am geteilten Himmel,* Berlin 2016.

Romane

Christoph Karich, *Bewährung im Grünen Meer,* Berlin 2009.

Robert B. Thiele, *Die Treuhänderin,* Berlin 2012 (als Taschenbuch 2013 erschienen mit dem Titel "Der General").

B. Canth, *Bleckwedel und die Schwester des Mädchens, das unter der Planierraupe starb,* Berlin 2015.

Monterey Studies

Uwe Hartmann, *Carl von Clausewitz and the Making of Modern Strategy,* Potsdam 2002.

Zeljko Cepanec, *Croatia and NATO. The Stony Road to Membership,* Potsdam 2002.

Ekkehard Stemmer, *Demography and European Armed Forces,* Berlin 2006.

Sven Lange, *Revolt against the West. A Comparison of the Current War on Terror with the Boxer Rebellion in 1900-01,* Berlin 2007.

Klaus M. Brust, *Culture and the Transformation of the Bundeswehr,* Berlin 2007.

Donald Abenheim, *Soldier and Politics Transformed,* Berlin 2007.

Michael Stolzke, *The Conflict Aftermath. A Chance for Democracy: Norm Diffusion in Post-Conflict Peace Building,* Berlin 2007.

Frank Reimers, *Security Culture in Times of War. How did the Balkan War affect the Security Cultures in Germany and the United States?*, Berlin 2007.

Michael G. Lux, *Innere Führung – A Superior Concept of Leadership?*, Berlin 2009.

Marc A. Walther, *HAMAS between Violence and Pragmatism*, Berlin 2010.

Frank Hagemann, *Strategy Making in the European Union*, Berlin 2010.

Ralf Hammerstein, *Deliberalization in Jordan: the Roles of Islamists and U.S.-EU Assistance in stalled Democratization*, Berlin 2011.

Jochen Wittmann, *Auftragstaktik*, Berlin 2012.

Michael Hanisch, *On German Foreign und Security Policy. Determinants of German Military Engagement in Africa since 2011*, Berlin 2015.

Grégoire Monnet, *The Evolution of Strategic Thought Since September 11, 2011. A Swiss Perspective on Clausewitz, Classical und Contemporary Theories*, Berlin 2016.

http://www.miles-verlag.jimdo.com